本书受到国家自然科学基金（51505251）、北京市教育科学“十四五”
规划重点项目（CDAA21040）资助

面向汽车造型形态的设计认知机理与方法

卢兆麟 ◎ 著

RESEARCH ON MECHANISM AND METHODS OF DESIGN COGNITION FOR VEHICLE STYLING

北京理工大学出版社
BEIJING INSTITUTE OF TECHNOLOGY PRESS

图书在版编目（CIP）数据

面向汽车造型形态的设计认知机理与方法 / 卢兆麟著. -- 北京：北京理工大学出版社，2022.3(2024.7 重印)
ISBN 978-7-5763-1127-3

Ⅰ.①面… Ⅱ.①卢… Ⅲ.①汽车—造型设计—研究 Ⅳ.①U462.2

中国版本图书馆 CIP 数据核字（2022）第 038504 号

出版发行 / 北京理工大学出版社有限责任公司
社　　址 / 北京市海淀区中关村南大街 5 号
邮　　编 / 100081
电　　话 / （010）68914775（总编室）
（010）82562903（教材售后服务热线）
（010）68944723（其他图书服务热线）
网　　址 / http://www.bitpress.com.cn
经　　销 / 全国各地新华书店
印　　刷 / 北京虎彩文化传播有限公司
开　　本 / 710 毫米 × 1000 毫米　1/16
印　　张 / 12.5
字　　数 / 185 千字
版　　次 / 2022 年 3 月第 1 版　2024 年 7 月第 2 次印刷
定　　价 / 68.00 元

责任编辑 / 吴　博
文案编辑 / 李丁一
责任校对 / 周瑞红
责任印制 / 李志强

前　　言

在“网联化—智能化—共享化—电动化”（CASE）趋势下，汽车的车身造型形态从仅仅作为美学属性向兼具功能性、社会性、交互语义的方向发展，正处于重大变革的前沿。

为了更好掌握研究现状并把握未来发展态势，第 1 章阐述了车身造型形态设计研究概况，首先通过文献研究分析了 CASE 背景下汽车造型设计的流程、任务模型；然后从品牌文化特征、意象驱动、空气动力学、被动安全、乘员舒适性 5 个方面梳理并总结了现有车身造型形态设计研究的体系；最后对 CASE 趋势下车身造型形态设计研究的发展进行展望，未来将向着空间重构、体验重构和价值增益三个方面发展，并将关键研究方法归纳为计算设计方法与新的计算机辅助设计手段。

为了弥补主观性评价方法的不足，以获得用户对于汽车造型设计的客观性评价，第 2 章提出了一种基于眼动跟踪特征的汽车造型评价方法。首先提出以眼动热点图为基础构建车型评价指标体系，包括对热点图进行背景剥离，通过 HSV 模型提取其颜色特征，并计算其灰度直方图的各项统计值；然后进一步将汽车造型的评价定义为二分类问题，运用 Fisher 判别建立函数模型；最后以实例验证了上述方法的可靠性与实用性，结果表明该方法总体上具有较高准确度，为实现汽车造型的客观性评价提供了一种新的技术途径。

为使汽车造型设计更好地符合目标用户的审美心理，以跨文化视角对用户视觉模式识别进行比较研究，第 3 章基于 Treisman 的“特征整合理论”，提出了汽车造型视觉识别一般模型。以汽车前视正面造型为样本，选取中、德两国用户作为被试者，以“品牌识别”为任务。首先使用 Dikablis 眼动仪进行眼动跟踪实验；然后结合 Likert 量表进行“识别度”的问卷调查。同时，利用灰度直方图对眼动热点图进行特征提取，并对用户感兴趣区的各项指标进行对比分析。结果发现：①中、德两国用户群体的汽车造型基本识别过程具有相似的完形心理规则，同时中国用户更趋于“由上而下”识别模式；②与德国用户相比较，中国用户在汽车造型识别过程中的水平眼动更活跃，视觉搜索的跳跃性更强，视觉信息处理的过程更为复杂；③进气格栅、车灯、后视镜是最能帮助用户识别的部分，汽车造型特征的继承性对于提高识别度作用显著。

第 4 章对设计师思维机制进行研究。首先对汽车造型设计模糊前端的概念与内涵进行了阐述，将思维过程划分为发散、转化、收敛三个阶段，进一步对思维过程进行了形式化描述，定义了思维活动的类型；然后围绕“针对 80 后都市群体的纯电动汽车”这一特定设计任务展开口语报告实验，并提出了基于思维过程及基于思维活动的两种编码方案，对有经验设计者和新手设计者的实验数据进行了对比分析，发现并总结了两者的差异性；最后得出三点结论，从而为设计实践与教育提供理论支持。

在第 5 章中，为有效获取用户感性需求并塑造整车形象，提出了一种基于自然语言处理的汽车造型风格推导与评价方法。首先描述了汽车造型设计过程的领域任务，并建立了汽车造型风格的设计模型。然后通过自然语言处理对汽车造型隐性风格进行表征，包括：①口语分析；②设计主题词提取及权重计算；③设计主题词相似度计算与聚类。最后进一步阐述了基于特征匹配的显性风格生成机制，并与改进的三标度层次分析法相结合，对显性风格进行评价，并以实例验证了该方法的有效性。

本书得到国家自然科学基金（51505251）、北京市教育科学“十四五”规划重点项目（CDAA21040）资助。

北京理工大学设计与艺术学院研究生宋新衡、李双旭、袁若歆、方可可、王慧萱、方耀等参与了部分章节的撰写，在此表示感谢。

感谢北京理工大学研究生教育培养综合改革项目对本书的资助。

本书适合于工业设计、产品设计相关专业的高校师生、研究人员及企业设计人员学习使用。

著 者

2022 年 3 月

目　录

第 1 章 CHAPTER

CASE 趋势下汽车造型设计研究的现状与趋势

1.1 汽车造型概述

汽车形态主要受到机械结构、人机工程、空气动力学、能源形式四个因素的影响，还要考虑时代性、审美观念等因素。目前，由于新一轮科技革命和产业变革，带动汽车行业加速转型发展，随着新一代信息技术、能源、材料等前沿成果在汽车领域的深度集成与应用，全球汽车工业向着更加节能、环保和智能方向发展。戴姆勒－奔驰汽车公司等将这一变化总结为“网联化－智能化－共享化－电动化”（Connected – Autonomous – Shared – Electric，CASE）。其中，智能化与网联化是高度融合的，车辆通过搭载先进传感器等装置，运用图像识别等新技术，实现车、路、人、云等智能信息交换与共享，可以进行复杂环境感知、智能决策与协同控制等功能，正逐步演变为智能移动空间和应用终端，其高级阶段即完全无人驾驶汽车（L5 级），将彻底改变驾乘人员对时间和空间的认识。电动化是伴随着世界范围内能源结构转型发展起来的，相比之下起步更早，主要包括纯电动汽车、插电式混合动力（含增程式）汽车、燃料电池汽车等主要类型。目前，智能化、网联化与电动化成交织发展的态势，国务院 2020 年发布的《新能源汽车产业发展规划（2021—2035 年）》中提出，将动力电池与管理系统、驱动电机与电力电子、网联化与智能化技术作为产业基础能力提升的关键。共享化实质上属于一种商业模式，其带来的最直观的改变，是加快了车企从传统制造企业向移动出行服务商的转型步伐。业内普遍认为，共享化的真正实现依赖于其他“三化”的高度发展。

所谓汽车车身造型形态设计，是指“根据汽车整体设计的多方面要求以塑造最理想的车身形状，是汽车外部造型与车厢内饰及空间设计的总和”。目前，汽车造型设计实践体系上可划分为独立设计公司和汽车企业内部设计部门两大类。自20世纪90年代中期以来，汽车产业发生了两个重要变化：①由于市场竞争加剧，新车型开发周期明显缩短、推出新车型的数量明显增加，这使得厂商特别是新兴厂商大幅增加了造型设计的资金投入，同时加强了与设计、技术服务等专业型公司的合作；②汽车产业价值链重组，历史悠久的传统汽车厂商正逐渐转变为以品牌为基础的系统集成商，为了保持其品牌的可识别性、避免设计风格趋同化，造型设计工作多在其内部设计系统展开。我国汽车市场在进入21世纪以来经历了“井喷式”增长，自2015年以来产销量、保有量均居世界首位。受到市场因素的有力推动，自主品牌企业在汽车造型设计方面取得了很大的进步，形成了原创设计能力。但总体而言，与世界著名传统汽车企业相比仍有一定差距，不同程度地存在着抄袭已有成功设计，或是完全委托外方机构设计的问题，导致了两个后果：①文化差异性增加了国内用户接受车型的难度。汽车造型设计能否取得成功，关键在于是否契合特定目标群体的文化、心理特征，用户购买的除了使用价值，其附加价值（如身份象征、精神满足等）愈发重要。②自主知识产权的缺失阻碍企业进一步成长。随着经济的日益全球化，对著名企业产品进行“山寨”的做法受到有关法律、法规的严厉限制，反观那些世界著名的汽车品牌，在长期的历史进化中大多已形成了特色鲜明的造型风格，具有良好的区分度和感性意象。

在CASE趋势下，尤其是以特斯拉电动汽车为代表的非传统型高科技公司在纯电动汽车和无人驾驶等领域取得了巨大成功。受此鼓舞，造车新势力企业不断涌现，传统汽车企业转型速度加快，加之心理学、计算机科学、管理学、社会学等相关学科与设计学的深度交叉融合，车身造型形态设计出现了新的发展，正处于重大变革的前沿。另外，汽车的造型形态设计至关重要，消费者将造型作为选择汽车理由的比例远远高于其他商品。奥迪汽车公司统计发现，近60%的用户在做出购买汽车决定时更多的是考虑造型而非技术指标；根据国务院发展研究中心、中国汽车工程学会等机构的联合调查，分别有77.2%、83.5%、75.7%的中国消费者在决定购买轿车、运动型多用途汽车（SUV）、多用途汽车（MPV）车型时，认为造型是首要考虑因素，车辆被列为“形态要素占据主导”的三大产品设计类型之一。

本章主要针对在 5G、物联网、人工智能、新能源等技术蓬勃发展的趋势下，汽车车身造型形态设计研究面临的新机遇与挑战，对相关理论与技术进行回顾与梳理分析，归纳相应的研究范式，总结其关键问题，并对其未来发展前景进行展望。

1.2　汽车车身造型形态设计过程与任务模型

1.2.1　汽车造型设计流程

1.2.1.1　传统汽车造型设计流程

完整的整车开发流程一般包括产品战略策划、产品定义、概念开发、工程设计、产品验证、商品化生产 6 个阶段，总历时 50 个月左右，如图 1－1 所示。

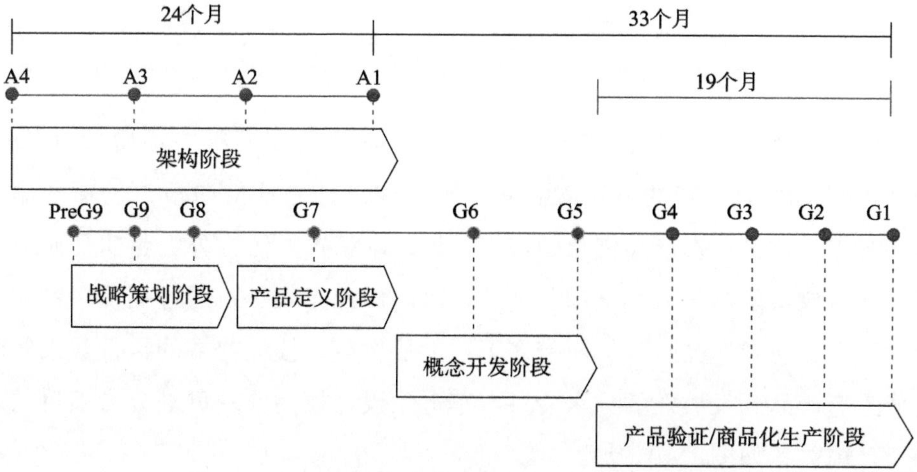

图 1－1　传统模式下通用汽车全球整车开发流程

造型设计属于概念设计阶段，为了保证设计产出的稳定性，各机构在进行汽车造型开发时一般会遵循固定的流程，从而降低不确定性，并在具体过程中会综合运用多种方法和工具，Bae 等总结了传统汽车造型设计流程、工具与方法，如图 1-2 所示。

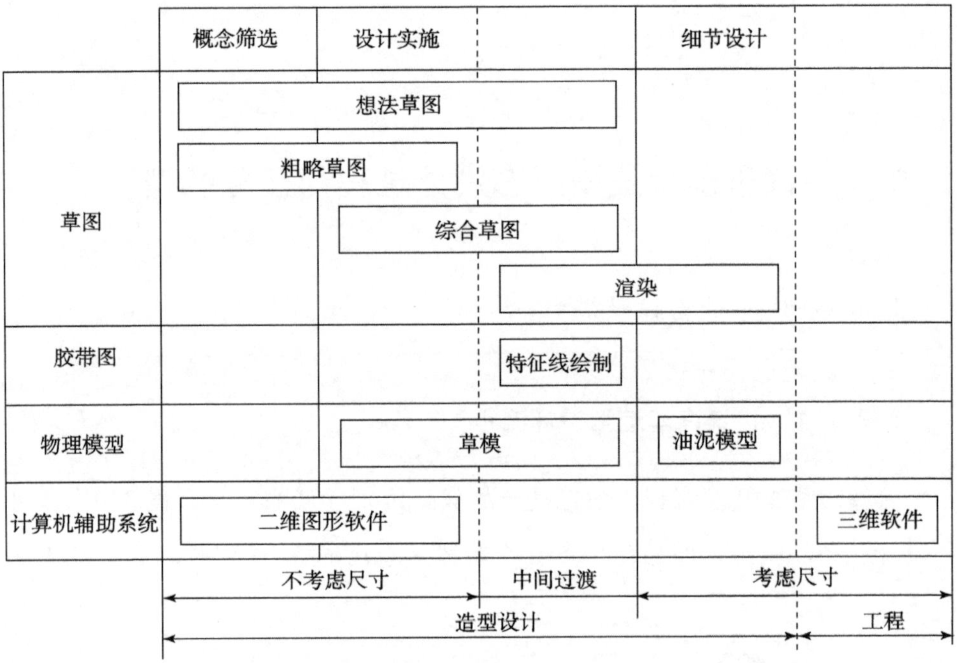

图 1-2 传统汽车造型设计流程

值得注意的是，在正式的开发阶段之前还存在模糊前端阶段（Fuzzy Front End，FFE），指的是新车型进行实质性设计之前的阶段，包括产品概念的提出与定义以及产品创意的产生、评价和筛选。国内外大量实证研究发现，项目成功率与投入在模糊前端阶段时间成强正相关，通过提升模糊前端活动可以提前规避风险，从而带来了巨大的效益，模糊前端的执行效果实际上成为新产品开发成败的分水岭，汽车造型设计模糊前端可划分为项目前端与设计前端，如图 1-3 所示。

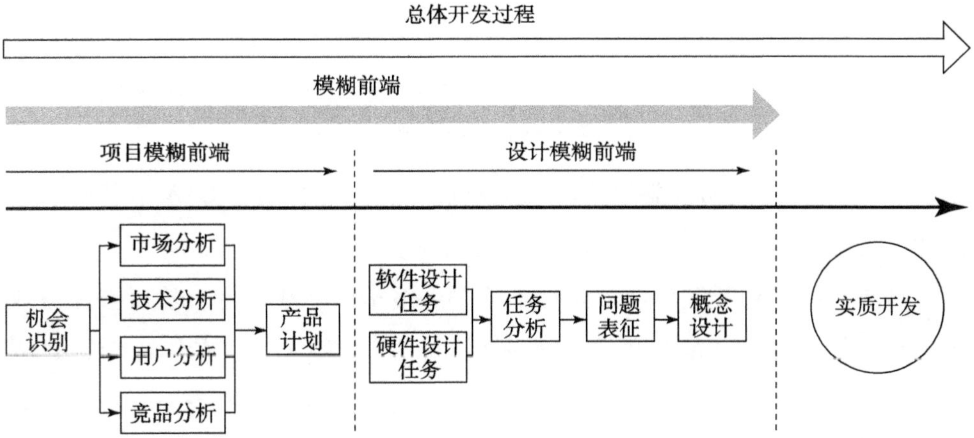

图 1-3　汽车产品开发模糊前端

1.2.1.2　CASE 趋势下车型开发流程的重构

在 CASE 趋势下，整车开发流程虽然仍大体上包括上述 6 个阶段，但具有显著不同，主要受到以下因素的影响。

1. "软件定义汽车"技术体系逐渐形成

随着 CASE 的发展，车辆架构正在以通用计算平台为基础、面向服务架构的方向发展。未来车辆差异化将更多体现在软件赋能的人机交互界面和用户体验层面，汽车技术革新也将更多地由软件带动，即"软件定义汽车"(Software Defined Vehicles，SDV)。有学者将"软件定义汽车"描述为：在模块化和通用化硬件平台支撑下，以人工智能为核心的软件技术决定整车功能。汽车硬件将成为模块化、通用化的平台和资源池，支撑整车软件多样化开发与部署。

软件定义汽车功能的增加与升级可通过"空中下载技术"（Over - The - Air Technology，OTA）实现。例如，特斯拉在 2012 年推出的 Modes S 车型上，最早通过 OTA 的方式完成续航里程增加、最高速度提高、乘坐舒适度提升等功能或者漏洞的修复，更新范围涉及人机交互、自动驾驶、动力系统、电池系统等领域；2016 年 11 月，丰田汽车宣布采用 OTA 技术更新行车计算机软件；2017 年 5 月福特汽车公司首次通过 OTA 技术为搭载 Sync 3 车载系统的车型增加新功能。由于传统燃油汽车的软件和硬件基本各自独立，因此早期 OTA 技术主要针对车载多媒体系统进行。但是，近年来随着纯电动技术的发展，汽车软/硬件之间的壁垒逐渐被打破，越来越多的企业将整车 OTA 作为自身产品智能化的体现。未来，汽车将会通过 OTA 不断带来新的功能与服务，为用户带来新的体验变化。

目前，汽车在开发阶段的流程是首先由整车厂完成设计；然后按需分成多个零部件，这些零部件由供应商进行设计开发和交付。在传统制造过程中，这些零部件相互之间都是独立的，生命周期内也基本不需要升级，所以大多数采用一体化嵌入式系统架构。但是，在软件定义汽车技术体系下，整车厂与供应商关系发生了根本变化，势必会对汽车造型设计流程产生重构。孟天闯等认为，软件定义汽车整车开发流程形成双闭环：一个闭环是指设计阶段通过交互评价数据采集、用户画像构建指导新车开发；另一个闭环是用户使用阶段可以借助 OTA 技术实现软件持续更新迭代，如图 1-4 所示。

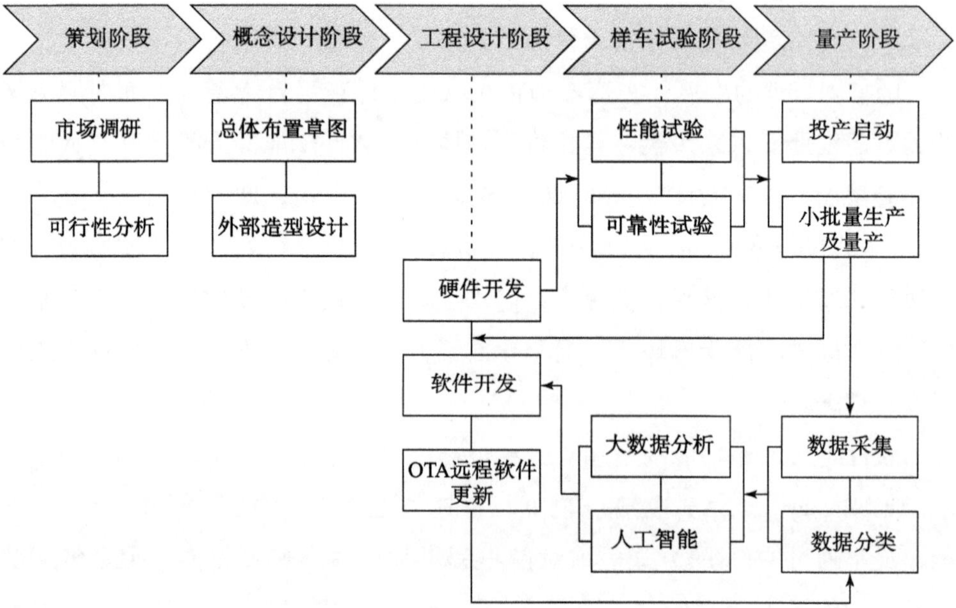

图 1-4 软件定义汽车技术体系下双闭环开发模式

2. 不同类型汽车企业发展路径的差异

CASE 趋势的快速发展催生了一种新的现象：大量从事信息通信技术（Information and Communications Technology，ICT）的企业进入汽车领域。业界和学界将这类企业统称为“造车新势力”，国内如华为公司、百度公司等，国外如苹果公司、谷歌公司、微软公司等，如图 1-5 所示。

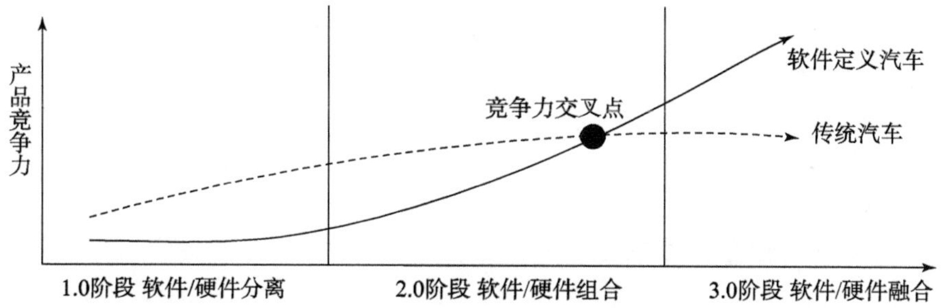

图 1-5　软件定义汽车的竞争力

按照美国汽车工程师协会（SAE）的划分，无人驾驶汽车由 L0 ~ L5 划分为 6 个等级。传统汽车企业在硬件（如动力总成、变速箱等）、汽车电子系统（如发动机控制系统、底盘控制系统等）方面更具有研发和制造的优势。因此，往往从低级别驾驶辅助系统发展到高级别驾驶辅助系统，逐步替代人的驾驶工作，直至最后实现无人驾驶。与之相对应，其汽车造型设计多遵循由机械产品到电子产品、再到智能产品的渐进式发展路径。并且由于平台战略的广泛运用，采用共用模块提高产品开发的效率和质量，汽车造型也呈现出“家族式”面貌。

而造车新势力企业则有所不同，由于在高精度地图定位、环境感知、传感器融合、计算机视觉、规划决策、车辆控制逻辑、汽车操作系统等方面具有一定优势，因而往往是以人工智能、云计算、大数据等前沿技术为依托，直接实现 L5 无人驾驶这一终极目标。因此，形态设计所受制约更少，往往更加具有激进性和突破性，如图 1-6 所示。

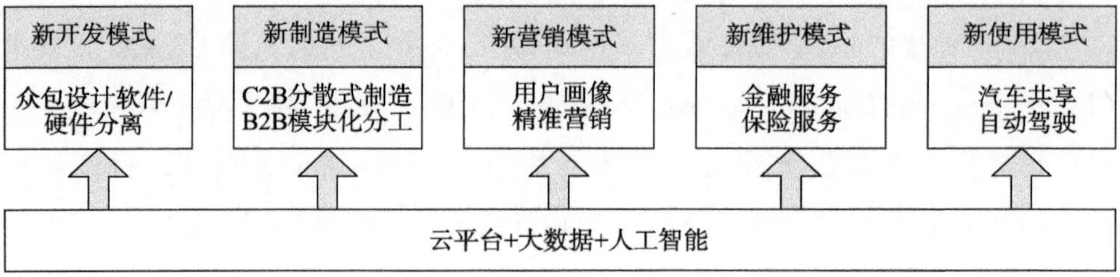

图 1-6 CASE 趋势下汽车产业新模式

1.2.2 汽车车身造型形态设计的任务模型

1.2.2.1 信息传播模型

牛津大学 Lawson 将设计定义为“在一系列特定情境下为满足总体真实需求寻找合适解决方案的思维活动。”为了清晰地阐述设计的内在机制，剑桥大学 Crilly Nathan 等根据经典的“香农 - 韦弗”（Shannon - Weaver）信息传播模式，将汽车造型设计定义为一个信息传播的过程，如图 1 - 7 所示。

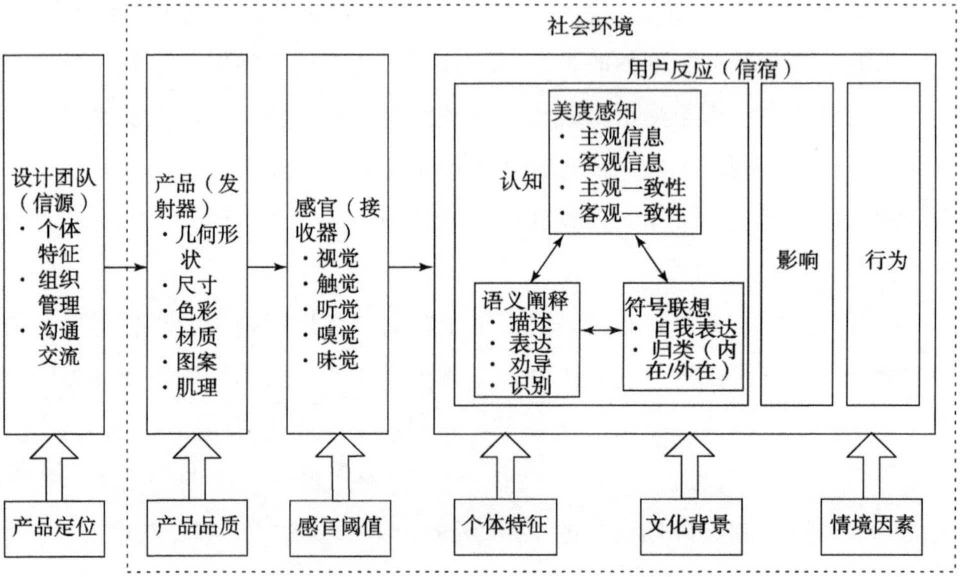

图 1-7 汽车造型形态设计的信息传播模型

在该模型中，设计师团队作为信源，汽车造型的物理属性（几何形态、尺寸、色彩、肌理、质感等）定义为发射器，用户感官是接收器，最终的信宿是用户，在对接收的信号进行处理、评判后形成认知，并最终产生决策以及购买行为。该模型较好地解释了从设计者到用户之间的信息传递过程，同时也存在局限性："香农 - 韦弗"模式是直线单向过程，缺乏反馈环节，而在实际的车型开发过程中设计者与用户双方都是具有能动性的主体。

1.2.2.2　迭代过程模型

车型开发涉及技术实现问题，Feldinger 等提出了一种融合技术与造型设计的过程模型，该模型充分反映了车型开发的迭代过程，如图 1 - 8 所示。

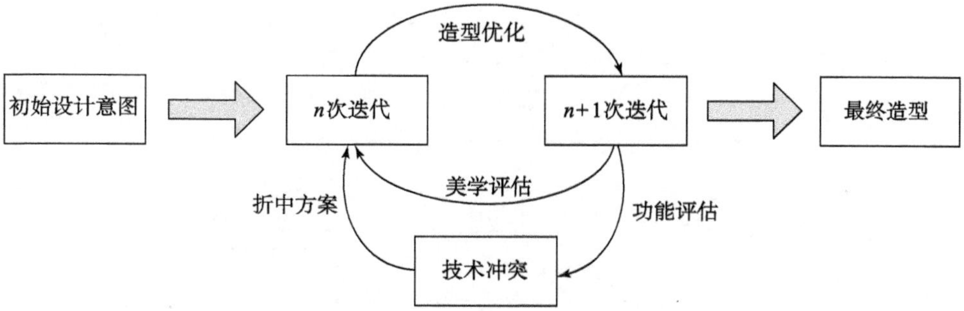

图 1-8　融合技术与造型设计的过程模型

从初始的设计意图开始，设计师首先使用各种建模工具进一步开发车辆的造型；然后设计师评估新迭代的美学效果，并将结论作为下一次迭代的输入。同时，从技术功能的角度对汽车造型进行评估，以寻求两者的折中，最终达到造型和功能需求之间所需的收敛程度，方可确定样式。Hyun 等认为迭代设计的不足在于缺乏全局优化的能力，往往只能实现局部最优解。同时由于其反复迭代的特性，决定了汽车造型设计是一个"没有最好、只有更好"的过程，这有可能造成三个弊端：①企业内部造型与设计部门的反复与冲突；②研发费用增加；③研发周期无计划性延长。张志军等提出了进阶性设计评审管理技术体系，其核心思路是“无极设计、有阶评审”，如图 1-9 所示。

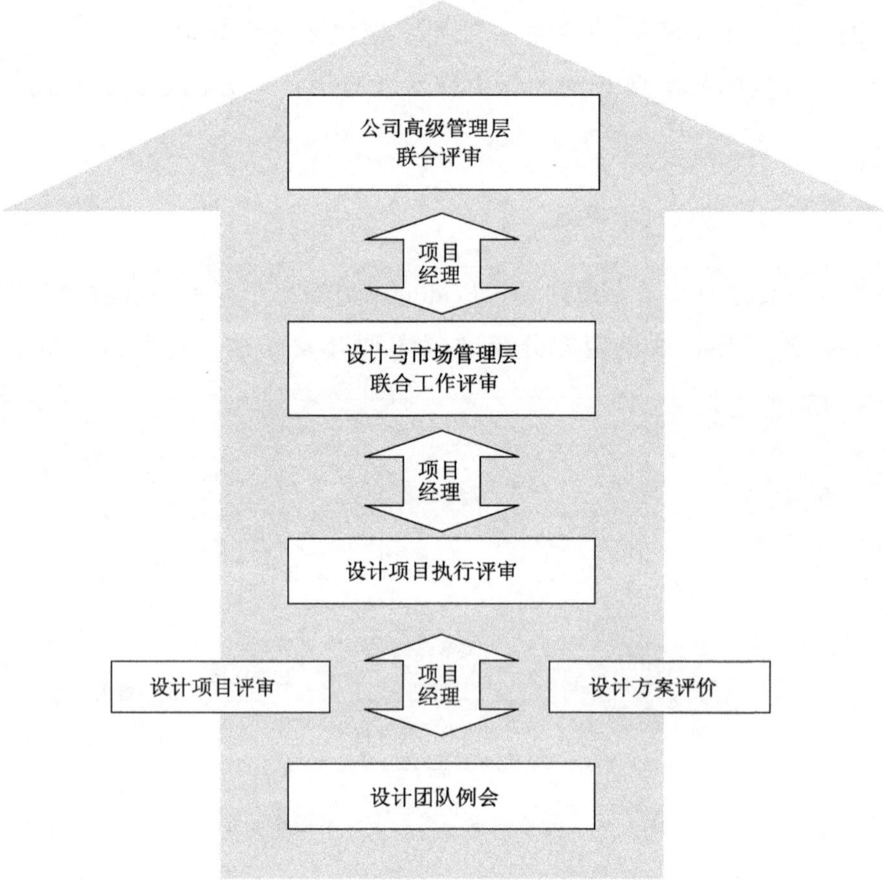

图 1-9 进阶性设计评审过程

1.2.2.3 CASE 趋势下车身造型形态设计任务的新变化

这里对 CASE 趋势下车身造型形态设计任务的变化规律进行归纳总结，在开发流程、开发模式、关注点、服务以及价值构成等方面体现出差异性，如表 1-1 所示。总体而言，传统车型开发以硬件为中心，企业与供应链的各部门、机构、组织的设置都围绕该中心展开。未来，则是以用户的体验和优质服务为中心，组织架构与人员将会发生相应改变。

表 1-1　CASE 趋势下车身造型开发差异性

比较点	传统车身造型形态设计	CASE 趋势下车身造型形态设计
开发流程	单线性、递进式流程	双闭环、循环迭代式流程
开发模式	瀑布式开发模式以硬件为中心，强调硬件解构与集成	跨界合作开发强调软/硬件解耦、持续协同
关注点	硬件	用户体验
服务	面向维护、保养等	面向 OTA 升级
价值构成	硬件差价盈利	软件与数据服务盈利

1.3　现有汽车造型研究体系的主要内容

新车型的开发工作是一项高度复杂的系统工程，集成了机械、电气、软件开发、动力学、热力学等不同专业知识，既要满足国家法规、行业标准及企业技术标准等严苛要求，还需充分满足消费者需求。汽车车身造型形态设计也在不断扩大自己的领域，产生了学科间的相互渗透，形成了多学科的交叉融合，实现主观与客观的统一、感性与理性的兼容，追求设计对象形式与功能的高度和谐。这也要求设计师对人、物关系有深入的理解，并具备丰富的工程知识与人文、艺术素养，以宽阔的视野和科学的思维探求设计之道。这里对现有的汽车造型形态研究体系进行梳理，归纳为 5 个部分，如图 1-10 所示。

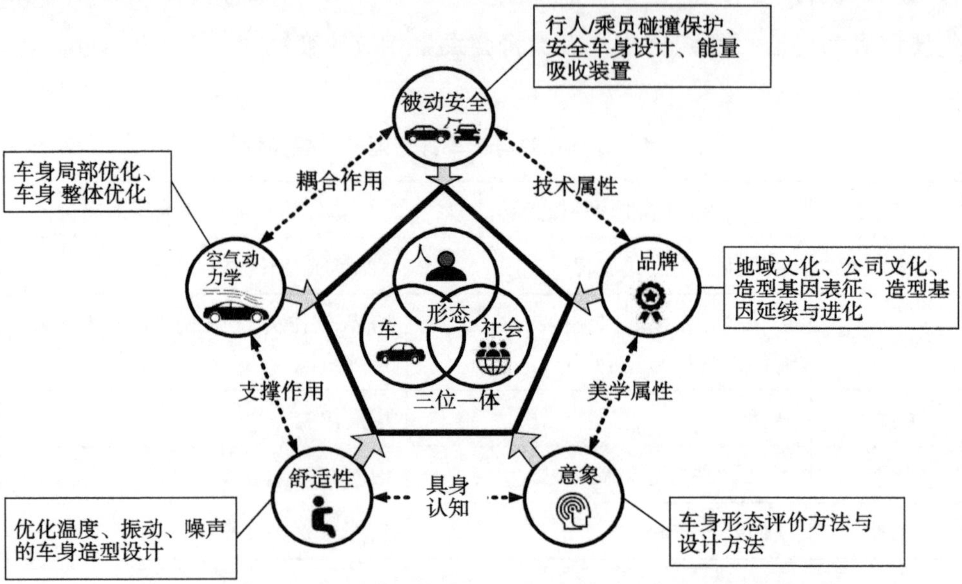

图 1-10 多学科融合背景下的车身造型形态研究体系

1.3.1 基于品牌文化特征的车身造型形态研究

汽车造型设计所传达的内容构成了一个由视觉到精神、由表及里的层级型体系。对于企业而言，成功的设计能巩固和发展品牌与客户之间的情感共识与牢固关系，同时清晰的品牌形象有助于企业保持自身独特性以区别于其他企业，因此造型设计早已成为汽车品牌策略的核心部分之一。另外一个不可忽视的事实是，在制造和使用汽车的长期实践活动中，形成了一套行为方式、习俗、法规、价值、观念等，从而构成了“汽车文化”，这种文化又不可避免地带有各国地域、民族特征，最终形成了“产品 - 品牌 - 文化”三位一体结构。例如，大众汽车来源于德国文化、沃尔沃汽车来源于斯堪的纳维亚文化、劳斯莱斯汽车来源于英国文化、凯迪拉克汽车来源于美国文化、丰田汽车来源于日本文化等，汽车造型与品牌、地域文化特征的内在关联因此成为学界及产业界经久不衰的研究课题。

学术界将生物学引入到设计领域，提出了汽车造型基因的概念，品牌文化需要依靠造型设计特征表达，造型特征要保证品牌基因的恒长性和进化方向，目前该部分研究主要从以下两个方面展开。

1. 汽车造型基因表征

对于汽车造型基因的表征有两种主要方式。一种是基于分解式的结构，Calabrese 等将汽车造型定义为渐进过程，即在每一次具体的车型设计任务中，并不必然意味着颠覆式创新，而往往是在给定的约束条件下，对已有的设计元素进行重新整合和再创造。Rezayat 的研究进一步支持了上述观点，发现新车型中 40% 的组件是对现有零件的重用，40% 的组件是对现有零件的修改，而只有 20% 的零件是全新的。另一种是基于风格特征的映射结构，Karjalainen 将造型基因定义为显性风格特征域与隐性风格特征域以及两者的映射，显性风格特征域包括色彩集合、材质集合、形状集合等，隐性风格特征域包括情感体验集合、文化特征集合等。

2. 汽车造型基因延续与进化

麻省理工学院 George Stiny 教授提出了形状文法，运用到工业设计后主要从两个方面展开：一是描述、分析和归纳已有产品族特征；二是依据形状规则对产品特征进行再现和发展。Jay 等通过对别克汽车造型发展历程的分析，总结出 63 条形状文法，并将其编码为可重用的语言；罗仕鉴等构建了产品族外形基因与消费者偏好之间的映射模型，并转换成偏好驱动的进化函数，运用遗传算法实现 SUV 产品族侧面轮廓线基因进化；李愚等提出了汽车外形设计的基因网络模型。

以上研究取得了丰富成果，也存在着一定不足：①多从既有品牌出发，而对“产品 - 品牌 - 文化”形成的复杂内在机制与动因缺乏探索，不能有效指导新兴品牌的设计工作开展；②对于地域特色与国际化潮流之间的关系缺乏深入研究，如何真正实现汽车产品“既是民族的又是世界的”，尚缺少有效的理论与方法支撑。

1.3.2　意象驱动的车身造型认知研究

“意象”是指用户对产品物理属性的感知及引发的心理与情感活动，最终形成审美认知。在汽车造型设计领域，该研究主要包括设计评价与设计方法两方面，通常是用语义差异法建立用户感性意象与汽车造型要素的关联，并通过聚类分析法、主成分分析法、因子分析等方法降低认知空间维度。例如，王亚辉等提出了一种基于多目标粒子群优化算法的汽车造型设计决策模型；印度理工大学 Yadav 等以 Kano 模型结合稳健性设计，以汽车造型为例提出新的设计方法；胡伟峰等发展出了"期望意象"的概念，以此驱动汽车造型基因进化，并用遗传算法加以实现；本研究团队提出了基于自然语言处理的汽车造型风格推导方法，为避免主观误差，结合眼动跟踪实验与 Fisher 判别实现对汽车造型的客观评价；中国台湾成功大学 Hsiao 等通过模糊集，对汽车色彩、造型风格以及意象进行了研究；Lai 等提出了"感知品质"（Feeling Quality，FQ）的概念，量化用户对汽车造型的感知意象；谭正棠解读了普通用户与专家用户对造型感知的不同偏好，认为用户的造型感知是一种有组织的关联表达过程，帮助设计师从用户对汽车造型感知偏好的层面进行造型方案的选取；徐秋莹等使用灰色理论、人工神经网络和马尔可夫链的组合分析模型，对汽车造型进化趋势进行预测；梁峭基于汽车造型要素，探讨用户的情感意象，并对两者的关联情况进行研究，从而更深入地了解用户情感意象特点，为造型要素的合理使用提供借鉴；赵丹华等通过考虑设计师与用户的认知差异，提出了一种汽车造型可信性评价方法；高士峰等分析了汽车造型意象认知的内涵和形成过程，探讨影响汽车造型意象认知的设计语言；成振波等分别以"造型特征"与"用户商务意象"作为自变量和因变量，通过单因素方差分析，研究关键造型特征对商务意象影响的显著性。

按照信息传播理论，意象是汽车造型"投影"于用户心理的结果，实际上决定着用户对于汽车造型的偏好程度，加之受到用户的个体差异性影响，呈现出较大的复杂性与不确定性，目前该领域仍然是汽车造型设计研究的重要课题之一。

1.3.3　融合空气动力学的车身造型形态研究

汽车空气动力学（Automobile Aerodynamics）是空气动力学的重要分支，主要研究汽车与周围空气在相对运动时两者之间相互作用力的关系及运动规律，涉及汽车的空气动力性能、行驶稳定性、操纵性和气动噪声等，特别是如何降低汽车外形风阻从而降低油耗。

融合空气动力学的汽车造型设计一般采取两种方式：①在汽车造型设计初期，设计的自由度较高，通常采用整体造型优化的形式。例如，张晨铭等从汽车造型设计的比例、容积、曲面、细节四个层级出发，逐层分析了电动汽车如何实现良好的气动性能；李彦龙等将低阻生物海豚作为形态仿生学对象，完成整体低阻整车车体设计，并对车头、车轮等各部位依次进行造型与气动优化，有效降低了汽车造型空气阻力。②在受到已有汽车车身尺寸与基本形态等限制的情况下，则需要通过考虑局部造型优化的方式，对汽车外观造型进行空气动力学研究，如王东等对某敞篷车及其硬顶变型车进行流场数值模拟，对风阻产生机理进行分析，得出以下结论：通过适当改变敞篷车前风窗和车背造型，有效控制分离气泡和座舱回流，可有效降低风阻；蒋兰芳等建立了由“考虑美学与气动阻力的车灯造型汽车外流场数值分析简化模型”和正交实验优化算法组成的车灯造型参数设计平台，并利用此方法优化汽车前照灯对汽车外形空气阻力的影响，有效降低了汽车前部造型空气阻力。

在研究方法上，一般是首先通过仿真与风洞实验相结合，例如韦甘等依次分析车身全局造型与头、尾部造型；然后通过遗传算法，分三步优化汽车车身气动形态，并根据二维（2D）和三维（3D）算例的差异性制定相应的进化策略；最后通过风洞实验验证该优化方法的可靠性。江涛等从美学与空气动力学结合的角度出发，提出将优良气动理想形体作为基准，并将艺术元素图案投影在其特征线上以生成三维草图，在定型草图上直接构建可供渲染和数控加工的车身计算机辅助设计（CAD）模型。

1.3.4 考虑被动安全的汽车造型形态研究

汽车的安全性能一般包括主动安全与被动安全。主动安全配置如指示报警装置、照明装置、制动装置、汽车防碰撞预警装置设计等，一般在工程设计阶段后期进行，并且对外部造型影响较小。而被动安全设置往往先于工程设计阶段，如果此时不能充分考虑其对于车身造型的影响，会导致后期反复修改，降低汽车研发效率。因此，在汽车造型阶段对被动安全性能进行考虑非常必要。

由于发生事故时，行人直接暴露于交通环境中，造成的损伤也最为直接，因此部分学者通过针对行人不同身体部位的碰撞保护进行汽车造型的研究。例如，Nie 等基于有限元建模，对不同发动机盖造型特征的车辆前端模型导致的行人头部运动进行分析，认为靠近发动机盖边界的特征线更高以及随后朝向发动机护板的连续引擎盖表面，有利于汽车前部受冲击时的保护性能；聂冰冰等提出了以降低碰撞能量输入为目标，分析了汽车前端造型因素对行人髋部碰撞的影响，并建立了髋部冲击器与某实车车型发动机罩前缘碰撞模型，提出了车型外轮廓设计方法；吴斌等分析了汽车前端结构参数对行人腿部碰撞性能影响的规律性，在多刚体动力学分析软件（MADYMO）中建立汽车前端结构的多体简化模型，并在吸能块和副保险杠支撑系统方面，总结出乘用车前部结构设计方法和改善建议，以利于行人腿部保护。

上述研究从行人在碰撞过程中受到损伤的不同身体部位入手，分析汽车前端造型在碰撞过程中对行人造成的危害，结合行人不同身体部位特征，有效地将碰撞时的行人动态身体参数与汽车前部造型及结构特征结合，可以有针对性地改善汽车前部造型在碰撞时对行人的伤害。

1.3.5 基于乘员舒适性的车身造型形态研究

汽车除对功能可靠性、安全性等要求外，将产生更多对行驶质量的要求，研究也相应地向乘员的舒适性问题转变。舒适性包括的内容十分广泛，应当结合工程学、物理学、心理学及生理学等知识，从人的感觉对其进行评价。

从工程技术角度，车内成员舒适性主要受温度、振动、噪声等因素的影响，其中噪声因素与汽车造型设计关系较为密切，有学者开始通过研究汽车局部结构造型与行驶过程中产生的噪声的关系，来进一步提高汽车乘坐舒适性，如 Chen Xin 等基于声学计算理论使用 Fluent 模型对两种后视镜造型进行比较分析，通过优化后视镜的造型及位置，可以有效减弱噪声，进而提高乘客的舒适性。陈鑫等对车外后视镜不同边缘结构引起的外部流场和镜后车身表面监测点处的气动噪声进行了数值仿真，设计了后部流场涡团更远离车身表面的后视镜边缘造型，有利于降低气动噪声；通过风洞实验测量了后视镜尾流区域的气动噪声数据，总结得出 5 个对后视镜气动噪声影响较大的造型因素，通过适当调整这 5 个造型因素将有助于降低后视镜的气动噪声。

1.4　CASE 趋势下车身造型形态设计的展望

1.4.1　空间重构

在 CASE 趋势下，车辆广泛采用非石化燃料作为动力来源，汽车的动力及供能系统与传统燃油汽车有着明显不同，因此也带来了造型设计的重大改变，主要体现在以下两个方面。

1. 汽车内部结构变化给造型带来的改变

一百年来汽车主要由内燃机提供动力，形成了发动机舱、座舱的布局模式，汽车外观造型虽然经历多次风格的演变，整体上依旧在基础燃油车标准框架限制下进行设计。但是，随着新能源尤其以电动车代表的新技术逐渐发展，发动机被更小的电机所取代，也不需要复杂的传动系统进行驱动，整车所用线束数量大幅减少，内部结构改变将会带来外部全新造型的设计。

2. 汽车内部空间的扩大使得汽车造型设计的重心由外饰向内饰改变

由于电动化，汽车的整车结构零部件的减少以及布局形式变得更加简单，汽车内部空间逐渐得以释放，使得汽车造型设计的重心逐渐向内饰倾斜。例如通用汽车公司推出的 Hy - wire 概念车，采用线传操控技术取代传统机械操控装置，取消了发动机舱和发动机间隔间，将所有电驱动系统置于平顺的“滑板”状底盘之内，从而将车内空间完全让渡给了乘员，带来空间设计的极大突破，如图 1 - 11 所示。电动汽车内饰的变化主要体现在功能布局和人机交互两方面，CASE 背景下汽车作为一个“移动的智能空间”，更多信息的接收、交换、处理与发布将在这个移动智能空间内发生，内饰设计将更多体现信息化的特点。同时，由于共享化，汽车内部空间将满足更多的个性化需求，提供更多的可调节性与灵活度，如图 1 - 12 所示。

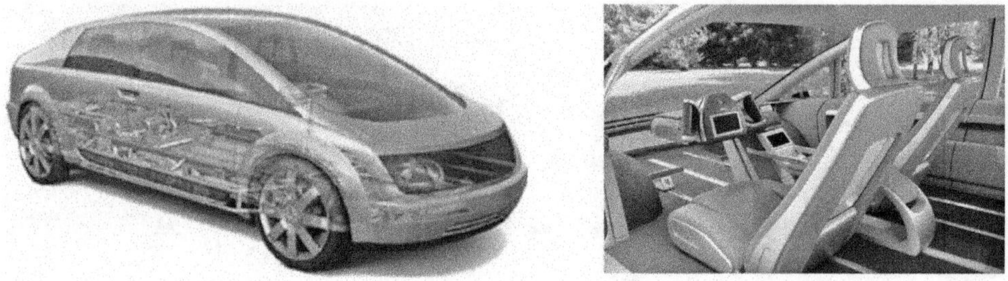

(a) (b)

图 1 - 11 Hy - wire 概念车

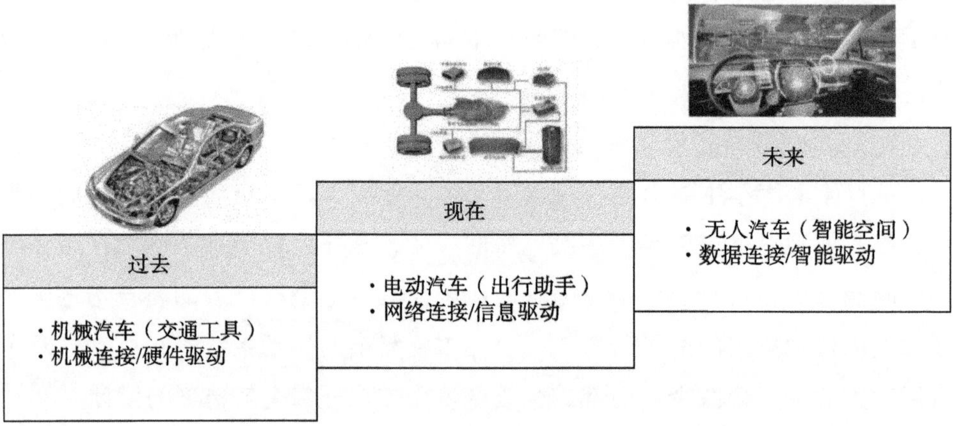

图 1 - 12 汽车产品功能演化

1.4.2　体验优化

传统汽车造型的设计是以保障驾驶员的驾驶安全和操作便捷为基本出发点，如车窗面积、A 柱角度、前机盖高度、仪表台造型等都须考虑驾驶员的视野和空间。但是，无人驾驶技术改变了这一情况，将不再需要针对驾驶者的需求而在造型上做出妥协：车窗的高度和面积可以更加自由、A 柱也不必再考虑对视线的影响、仪表台可以与整个内饰环境融为一体。无人驾驶技术意味着“驾驶”不再成为人与汽车关系的主要矛盾，从而使得汽车内“驾驶者”和“乘客”的概念消失。汽车在网联化基础下，将不仅仅是一个交通运输工具，而将成为一个可移动的功能性空间，使得汽车成为移动网联系统下的一个端口，形成智能网联生活状态展示的一个舞台。

人对汽车审美认知的基础也将被这种物理层面上的整合所颠覆，设计者的传统审美经验将不适于新的汽车态势，也无法继续沿用旧有的设计思维范式对其进行设计，而是应以更富于前瞻性的视角，重新思考未来用户在不同场景中出行的核心需求，实现“驾驶体验”（Driving Experience）向“出行生活体验”（Travel Life Experience）的转变。软件定义汽车趋势下，汽车开发模式由“以硬件为中心”的瀑布开发模式向“以体验为中心”的横向开发模式转变，跨界合作、共建汽车开发生态是趋势，如图 1－13 所示。

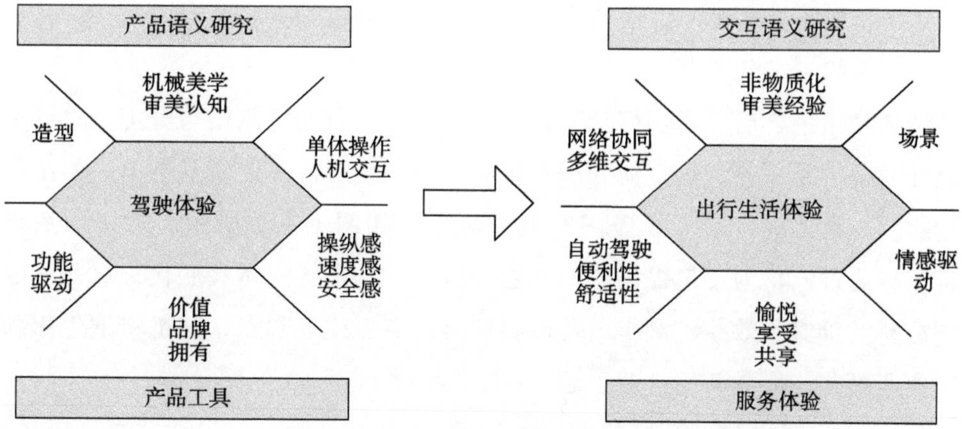

图 1－13　CASE 趋势下体验优化

不仅如此，交互体验设计导向也给汽车造型带来新变化，如奔驰概念车 F－015 Luxury in Motion 在前脸与尾部造型中融入了交互的元素，前脸以发光二极管（LED）灯构成的“进气格栅”集成了投影功能，可以在地面投影出斑马线以及转向箭头、停车等符号。这种以交互体验设计为导向的设计方式使得汽车造型不止停留在审美意象层面，而是将艺术美感与功能结合起来，使得汽车外观造型更具活力，如图 1－14 所示。

图 1－14 奔驰概念车 F－015 Luxury in Motion

1.4.3 价值增益

传统的车身造型形态设计是围绕“有人驾驶”展开的，然而在 CASE 趋势下，高级别“无人驾驶”将成为未来发展方向。当用户从繁重的驾驶任务中解脱出来之后，车辆行驶过程中的时间与精力如何使用与分配，这既是设计面临的新任务，也是新的产品机会。用户将不再仅仅满足于单一的出行功能，而更关注汽车所能提供的增值服务，如图 1－15 所示。对于厂商而言，将通过汽车为用户提供新的功能、服务，带来新的体验变化，进而不断创造新的价值和效益。汽车由价值实现的终点变成了起点，这也将催生出新的商业模式，形成新的产业生态。

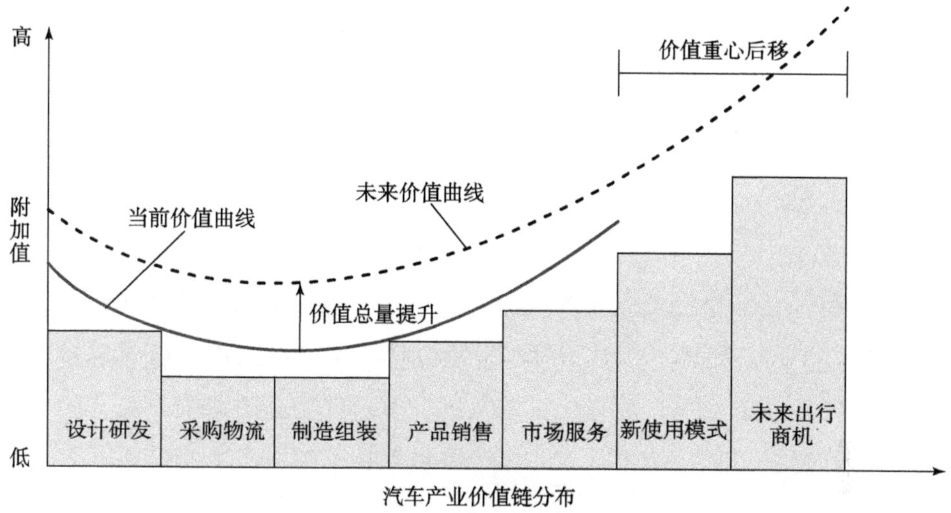

图 1－15　CASE 趋势下汽车价值增益

为实现价值增益，需要调动各行业参与，创新产业模式，明确发展路径。通过集合大数据、物联网、用户偏好建模、软/硬件个性化定制、全生命周期管理等概念，将各产业链条充分聚合，为出行赋能，如图 1－16 所示。

图 1－16　未来出行场景下使用模式

1.5 未来车身造型形态设计研究的关键方法与技术

以哈利·厄尔为代表的传统汽车设计师较多地依靠个人的灵感与经验。近年来，在 CASE 趋势下，对于汽车造型设计领域的研究也突破了感性经验的范畴，开始向定量化、数理化方向发展，不断产生新的研究方法，实验手段也随着计算机工程、仿真技术、电子测量等技术的进步不断提高。

1.5.1 计算设计方法

计算设计（Computation Design）作为一种基于数据计算的跨学科设计方法，能够有效降低主观性和个体决策差异对汽车造型设计方案决策的影响。近 10 年来，计算设计日益成为汽车造型领域的重要研究方法，在设计过程、模型生成、进化优化、设计评价等方面应用广泛，包括获取数据与分析处理数据这两大关键环节。

目前获取数据的主要方法：①电生理测量方法。包括眼动跟踪、脑电图、肌电图、皮肤电图、心电图和呼吸等，由于这些生理信号的频率通常比较弱，且采集时易受到外界环境影响，因此通常需要专门的设备进行采集。例如，唐帮被等通过测量观察者的眼动与脑电图数据，用于汽车工业设计用户体验评价方法研究。②物理模型实验方法。例如，Joana 等通过对被试者操作过程中的车载键盘物理参数进行测算和分析，将用户的主观感知与车载键盘的物理属性相关联。③社会调查法。现有方法主要包括语义差异法问卷、量表、口语报告、文献数据采集等，主要用于获得被试者对于汽车造型的看法。

在汽车造型领域内，数据分析与处理主要集中在电生理测量结果分析处理、多算法融合的汽车造型特征数值模拟等方面。对生理信号进行分析处理的主要步骤：①对被试进行外界刺激，同时收集多模态生理信号；②对所采集的脑电图、肌电图、眼动信号进行预处理，包括降采样、去除噪声等，以及带通滤波、空间滤波等；③特征提取和特征选择；④训练分类器以及测试。

多算法融合的汽车造型特征数值模拟通常是将汽车造型设计过程的参数通过一组方程来描述，并采用数值计算的方法求解，以获得对该过程的定量认识，并且对该过程进行动态模拟分析，预测或判断设计方案的优劣。

1.5.2　新的计算机辅助设计手段

相对于汽车行业的其他新产品开发，现有汽车造型设计的数字化水平并不高，其原因在于设计是一个复杂的思维过程，与人的认知、感悟、情感等主观因素密切相关，尚无法完全被机器所取代。随着 CASE 的发展，目前学术界将研究重点放在如何提升计算机辅助造型系统（Computer – aided Styling，CAS）的水平，更加智能和便捷，同时实现与生产部门的对接。例如，龚永坚等将压感信息融入语义草图表达中，开发基于数位笔压力感应的汽车三维手绘系统原型，并在 Auto Sketch 系统中进行集成。

1.5.3　总结与展望

在 CASE 趋势下，车身造型形态研究领域融合了艺术、工程、心理学、商业、管理等多个学科，具有典型的学科交叉属性。本章对 CASE 趋势下国内外车身造型形态研究的成果进行了总结与梳理，回顾了其发展历程、基本模型、研究体系、关键技术与方法等，并展望了未来的发展方向。

总的来看，汽车正在成为移动的生活空间，汽车造型经历着从仅仅作为汽车的美学属性向兼具功能性、社会性、交互语义发展，正处于重大变革的前沿。相应地，汽车造型设计研究将会朝着领域更加宽广、视角更加多元、方法更加融合多样的方向发展。

参考文献

[1] 王波. 汽车造型创意设计 [M]. 北京：清华大学出版社，2019.

[2] Giuseppe Calabrese. Structure and transformation of the Italian car styling supply chain [J]. International Journal of Vehicle Design，2011，57 (2/3)：212 - 229.

[3] 中国汽车流通协会. 2020 中国汽车市场年鉴 [M]. 北京：中国商业出版社，2020.

[4] 徐江，孙守迁，张克俊. 基于遗传算法的产品意象造型优化设计 [J]. 机械工程学报，2007，43 (4)：53 - 59.

[5] 杨凤云. 从设计空间出发谈汽车外观设计的对比判断 [J]. 装饰，2015 (04)：70 - 71.

[6] Kreuzbauer R，Malter A J. Embodied cognition and new product design：changing product form to influence brand categorization [J]. Journal of Product Innovation Management，2005 (22)：165 - 176.

[7] 国务院发展研究中心，中国汽车工程学会，大众汽车集团. 中国汽车产业发展报告 (2013) [M]. 北京：中国社会科学文献出版社，2013.

[8] Ranscombe C，Hicks B，Mullineux G. A method for exploring similarities and visual references to brand in the appearance of mature mass - market products [J]. Design Studies，2012，33 (5)：496 - 520.

[9] Bae S H，Kim W S，Kwon E S. Digital Styling for Designers：Sketch Emulation in Computer Environment [C]//International Conference on Computational Science & Its Applications：Part Ⅲ，2003.

[10] 刘力萌，张换高，檀润华. 多方法集成的模糊前端创新设想产生研究

[J]. 机械工程学报，2017，53（15）：49－57.

[11] 檀润华，刘芳．需求进化与功能进化集成的创新设想产生研究［J］. 计算机集成制造系统，2011，17（10）：2093－2100.

[12] EPAM. Decoupling hardware from software in the next generation of connected vehicles [R]. 2018.

[13] 孟天闯，李佳幸，黄晋，等．软件定义汽车技术体系的研究［J］. 汽车工程学报，2021，43（4）：459－468.

[14] McKinsey. Rethinking car software and electronics architecture [R]. 2018.

[15] 张进．软件定义汽车催生新研发模式［J］. 汽车商业评论，2021（04）：185－195.

[16] 谢小虎，张育维．李洋．车联网时代下的整车开发模式研究［J］. 汽车科技，2019（02）：8－13.

[17] Bryan Lawson. How designers thinking? [M]. UK Oxford：Biddles Ltd，2005.

[18] Crilly N，Moultrie J，Clarkson P J. Seeing things：consumer response to the visual domain in product design [J]. Design Studies，2004，25（6）：547－577.

[19] Feldinger Ulrich Ernst，Kleemann Sebastian，Vietor Thomas. Automotive styling：Supporting engineering－styling convergence through surface－centric knowledge based engineering [C]//Proceedings of the 21st International Conference on Engineering Design，Vol 4：139－148.

[20] Hoon H K，Ji－Hyun L. Balancing Homogeneity and Heterogeneity in Design Exploration by Synthesizing Novel Design Alternatives based on Genetic Algorithm and Strategic Styling Decision [J]. Advanced Engineering Informatics，2018（38）：113－128.

[21] 张志军，许斌，郭浩．进阶性设计评审管理技术体系的应用［J］. 工业工程与管理，2011，16（03）：125－130.

[22] Bluntzer J B，Ostrosi E，Sagot J C. Styling of cars：Is there a relationship between the style of cars and culture identity of a specific country? [J].

Journal of Automobile Engineering，2015，229（1）：38－51.

[23] 张文泉，赵江洪，谭浩．奥迪品牌发展与汽车造型特征研究［J］．装饰，2011（07）：75－77.

[24] 赵丹华，何人可．阿尔法·罗密欧汽车品牌与造型风格特征研究［J］．装饰，2011（07）：72－74.

[25] 罗仕鉴，朱上上，冯骋．面向工业设计的产品族设计 DNA［J］．机械工程学报，2008（07）：123－128.

[26] Rezayat M. Knowledge－based product development using XML and KCS［J］. Computer－Aided Design，2000，32（5－6）：299－309.

[27] Toni－Matti Karjalainen. It Looks Like a Toyota：Educational Approaches to Designing for Visual Brand Recognition［J］. International Journal of Design，2007，1（1）：67－81.

[28] Stiny G. Introduction to shape and shape grammars［J］. Environment and Planning B，1980（7）：343－351.

[29] Jay P，Cagan J. Speaking the Buick language：capturing understanding and exploring brand identity with shape grammars［J］. Design Studies，2004，25（1）：1－29.

[30] 罗仕鉴，李文杰，傅业焘．消费者偏好驱动的 SUV 产品族侧面外形基因设计［J］．机械工程学报，2016，52（2）：173－181.

[31] 李愚，卢纯福，刘肖健，等．汽车外形设计的基因网络模型［J］．计算机集成制造系统，2018，24（5）：1249－1260.

[32] 胡婷婷，赵江洪，赵丹华．设计意象加工与审美意象认知的模式研究［J］．装饰，2015（02）：104－105.

[33] 苏建宁，张秦玮，吴江华，等．产品多意象造型进化设计［J］．计算机集成制造系统，2014，20（11）：2675－2682.

[34] 王亚辉，余隋怀．基于多目标粒子群优化算法的汽车造型设计决策模型［J］．计算机集成制造系统，2017，23（4）：681－688.

[35] Yadav H C，Rajeev Jain，Singh A R，et al. Kano Integrated Robust Design

Approach for Aesthetical Product Design: A Case Study of A Car Profile [J]. Journal of Intelligent Manufacturing, 2017, 28 (7): 1709 - 1727.

[36] 胡伟峰，赵江洪．用户期望意象驱动的汽车造型基因进化［J］．机械工程学报，2011，47（16）：176 - 181.

[37] 卢兆麟，程若丹，石清吟，等．基于自然语言处理的汽车造型风格推导与评价［J］．汽车工程，2016，38（05）：553 - 560.

[38] 卢兆麟，李升波，徐少兵，等．基于眼动跟踪特征的汽车造型评价方法［J］．清华大学学报（自然科学版），2015，55（07）：775 - 781.

[39] Hsiao S W. Fuzzy set theory applied to car style design [J]. International Journal of Vehicle Design, 1994 15 (3): 255 - 278.

[40] Hsiao S W. Fuzzy set theory on car - color design [J]. Color Research and Application, 1994, 19 (3): 202 - 213.

[41] Hsiao S W, Chan G M S. A semantic recognition based approach for car's concept design [J]. International Journal of Vehicle Design, 1997, 18 (1): 53 - 82.

[42] Lai H H, Chang Y M, Chang H C. A Robust Design Approach for Enhancing the Feeling Quality of a Product: a Car Profile Case Study [J]. International Journal of Industrial Ergonomics, 2005, 35: 445 - 460.

[43] 谭正棠，赵江洪．汽车造型的用户感知偏好研究［J］．包装工程，2016，37（20）：9 - 13.

[44] 徐秋莹，杨明朗，刘卫东，等．基于数据驱动的汽车形态特征进化预测方法［J］．计算机集成制造系统，2015，21（12）：3145 - 3152.

[45] 梁峭．汽车造型要素与用户情感意象关联研究［J］．包装工程，2016，37（20）：14 - 19.

[46] 赵丹华，景春晖．基于设计师 - 用户意象认知模型的汽车造型可信性评价方法［J］．包装工程，2015，36（12）：78 - 82，122.

[47] 高士峰．影响汽车造型意象认知的设计语言研究［J］．包装工程，2012，33（02）：65 - 69.

[48] 成振波，柯善军，魏莹，等. 影响汽车商务意象的造型特征研究 [J]. 机械设计，2018，35 (11)：117－121.

[49] 张晨铭，李彦龙，王东，等. 面向空气动力学优化的电动汽车造型设计研究 [J]. 包装工程，2012，33 (16)：43－46，66.

[50] 李彦龙，朱晖，杨志刚. 基于低风阻的电动汽车造型设计 [J]. 同济大学学报 (自然科学版)，2017，45 (09)：1366－1371.

[51] 王东，章辰益，李理光. 敞篷车与硬顶车流场特性的 CFD 对比研究 [J]. 汽车工程，2015，37 (01)：78－82，106.

[52] 蒋兰芳，刘红，柴国钟. 考虑气动特性的汽车前照灯造型参数化方法 [J]. 计算机辅助设计与图形学学报，2010，22 (02)：293－298.

[53] 韦甘，杨志刚，李启良. 基于分步遗传算法的车身气动优化 [J]. 吉林大学学报 (工学版)，2014，44 (06)：1578－1582.

[54] 江涛，谷正气，杨易，等. 基于三维草图的车身气动造型设计 [J]. 中国机械工程，2011，22 (07)：873－877.

[55] Nie B，Zhou Q，Yong X，et al. Influence of Feature Lines of Vehicle Hood Styling on Headform Kinematics and Injury Evaluation in Car－to－Pedestrian Impact Simulations [J]. SAE International Journal of Transportation Safety，2014，2 (1)：182－189.

[56] 聂冰冰，夏勇，黄俊，等. 针对行人髋部碰撞保护的汽车前端造型与结构概念设计研究 [J]. 汽车工程，2014，36 (03)：286－292.

[57] 吴斌，朱西产，王大志，等. 乘用车与行人碰撞腿部保护设计要素研究 [J]. 汽车技术，2010 (11)：33－37.

[58] Bellem H，Thiel B，Schrauf M，et al. Comfort in automated driving：an analysis of preferences for different automated driving styles and their dependence on personality traits [J]. Transportation Research part F：Traffic Psychology & Behavior，2018，55 (2)：90.

[59] 王宏雁，陈君毅. 汽车车身设计基础 [M]. 北京：北京大学出版社，2009.

[60] Chen X, Zhou J L. Research on Aerodynamic Noise of Base Styling Characteristics of Car Rearview Cover [J]. Advanced Materials Research, 2012, (490 - 495): 2987 - 2991.

[61] 陈鑫，王怀玉，高长凤，等. 后视镜罩边缘结构对流场和气动噪声的影响 [J]. 航空动力学报，2014，29 (05): 1099 - 1104.

[62] 陈鑫，冯晓，沈传亮，等. 车外后视镜造型对气动噪声影响的实验研究 [J]. 汽车工程，2017，39 (02): 206 - 213.

[63] 张茫茫. 新能源驱动下的技术与审美认知关系研究——从造型语义到交互语义 [J]. 装饰，2018 (07): 32 - 37.

[64] 唐帮备，郭钢，王凯，等. 联合眼动和脑电的汽车工业设计用户体验评选 [J]. 计算机集成制造系统，2015，21 (06): 1449 - 1459.

[65] Joana Vieira, Joana Maria A Osório, Sandra Mouta, et al. Kansei engineering as a tool for the design of in - vehicle rubber keypads [J]. Applied Ergonomics, 2017, 61 (1): 1 - 11.

[66] 权学良，曾志刚，蒋建华，等. 基于生理信号的情感计算研究综述 [J/OL]. 自动化学报: 1 - 17 [2021 - 03 - 31]. https://doi.org/10.16383/j.aas.c200783.

[67] 龚永坚，宣翠仙，楼建忠，等. 基于数位笔压感的汽车三维手绘系统研究 [J]. 农业机械学报，2015，46 (08): 288，314 - 318.

[68] 王震坡，黎小慧，孙逢春. 产业融合背景下的新能源汽车技术发展趋势 [J]. 北京理工大学学报 (自然科学版)，2020，40 (1): 1 - 10.

第 2 章 CHAPTER

基于眼动跟踪技术的汽车造型评价方法

2.1 眼动跟踪研究文献分析

眼睛是人类获取信息和感知外部世界最重要的方式之一，它可以从外部世界获取约83%的信息，眼睛的运动状态反映了人的视觉注意力，通过眼睛可以分析人的意图，了解人的行为。眼动跟踪技术是通过提取眼睛相关信息来捕捉人眼的运动状态，进而能够分析出人的注意力、意图等的一项技术，是推断人类注意力的重要线索。近10年来，日新月异的设计需求导致设计领域不断拓宽，人们对设计的定义日益更新，从传统的实体设计如产品、服饰等到现在将界面设计、人机交互服务系统等这些虚拟产品的设计也纳入其中，逐渐形成“泛设计”的概念。根据不同的设计需求及内容，眼动跟踪技术作为“自然交互工具”和“实验测试手段”在设计领域掀起了研究热潮并不断介入泛设计领域。本章主要介绍近10年来眼动跟踪技术在泛设计领域中的研究现状，探讨其面临的挑战，并预测其发展趋势。

在国内文献方面，本章选取了CNKI中国知网数据库总库作为文献来源，以“眼动跟踪”及“设计”作为主题进行搜索，截取时间为2012年1月8日—2022年1月8日，共得到中文文献346篇，如图2-1所示。在我国的眼动跟踪技术研究中，其主要应用于实体产品设计的研究中作为实验手段，集中于两个应用方向：①通过眼动分析产品的特征（如CMF，Color-Material-Finishing颜色、材料、表面处理，图案提取等）；②通过眼动跟踪获取用户对于产品造型偏好与评价。

在国外文献方面，本书选取了EI数据库总库作为文献来源，以“eye tracking”（眼动跟踪）及“design”（设计）作为subject/title/abstract进行搜索，共得到外文文献3497篇，如图2-2所示。在国外的眼动跟踪技术研究

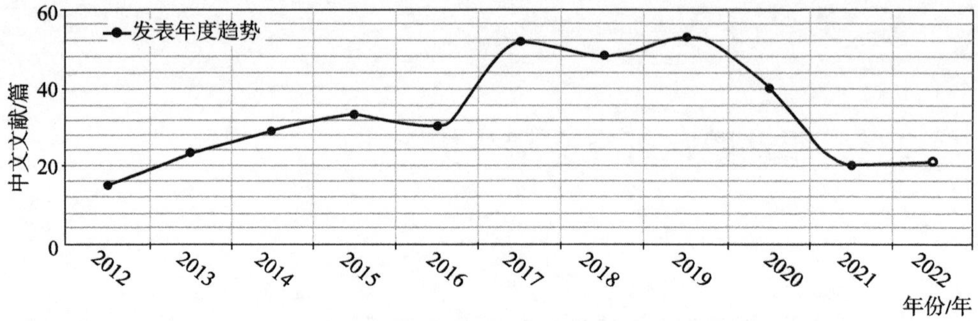

图 2-1 国内研究文献数量年度分布

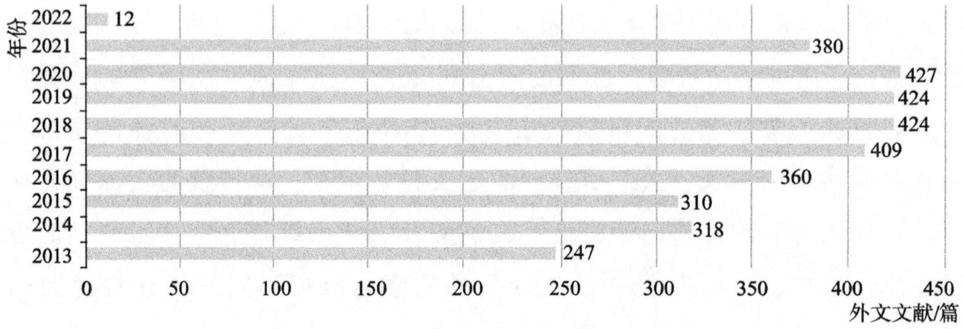

图 2-2 国外研究文献数量年度分布

中，主要应用于虚拟产品设计与用户情绪以及行为研究中，其中集中于虚拟产品交互、界面设计与可用性测试中。

从文献研究层次分布上来看，国内文献的研究可以分为自然科学、社会科学。如图 2-3 所示，将文献按照研究进行分类，绝大部分的研究为国家自然科学或社会科学项目，其中，工程技术（自然科学）方面 103 篇，基础研究（社会科学）方面 17 篇。工程技术是物理、力学、材料、化工、地质等学科的综合应用。国外文献的研究成果绝大多数文献为期刊论文和会议论文，如图 2-4 所示。图 2-4 显示了收录文献数量前 10 位的期刊和会议，其中，发表在 SCI 核心期刊“lecture notes in computer science”上的文献最多，高达 319 篇。除此之外，其他发表文献也多被 SCI 核心期刊或者顶级会议收录。这说明在国外，对于眼动跟踪技术在泛设计领域的研究整体层次均较高。

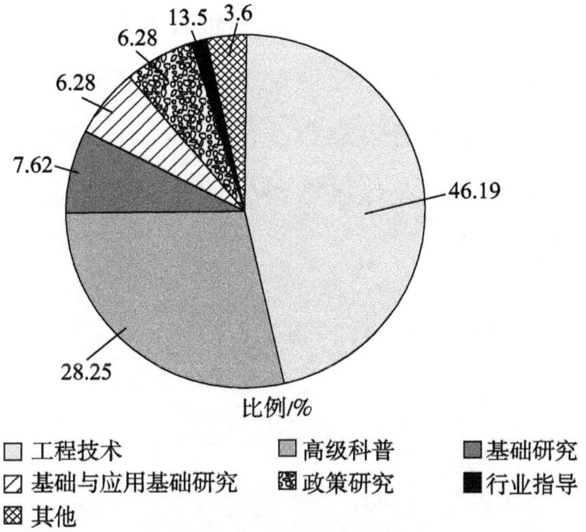

图 2-3　国内文献研究层次分布

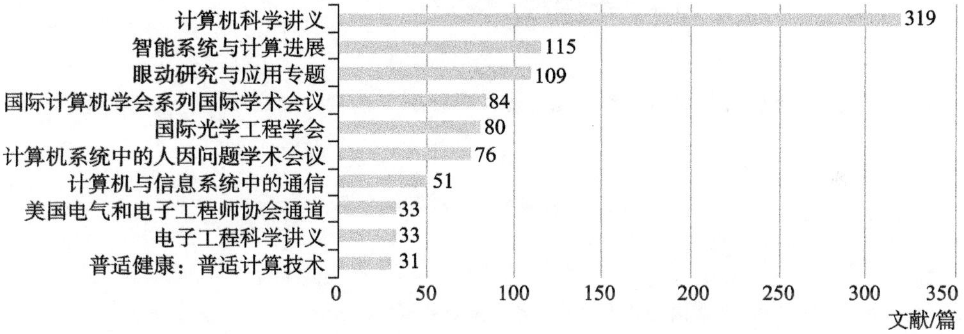

图 2-4　国外文献研究层次分布

从文献研究学科分布上来看，国内的眼动跟踪技术在设计领域的研究主要分布在计算机学、控制工程、通用技术学等学科，如图 2-5 所示。其中，计算机学科的论文数量最多，有 95 篇（38.46%）。国外文献分布在多个主题之中。图 2-6 为前 10 位主题词分布情况，其中分布在 Computer Software、Data Handling and Applications（计算机软件、数据处理和应用）文献数目篇最多，达到 650 篇。而设计方面的 Ergonomics and Human

Factors Engineering（人机工程学和人因工程学）排在第 7 位，共有 236 篇文献归属于该学科。由此可知，对于眼动跟踪技术在泛设计领域的应用目前主要是计算机科学和社会科学领域的学者在进行研究，设计学领域的学者还不占主流。这进一步说明眼动跟踪技术在涉及领域的研究学科综合性高，学科交叉性高，尤其是计算机学科。这就要求设计领域的学者加强对计算机技术的了解和掌握。

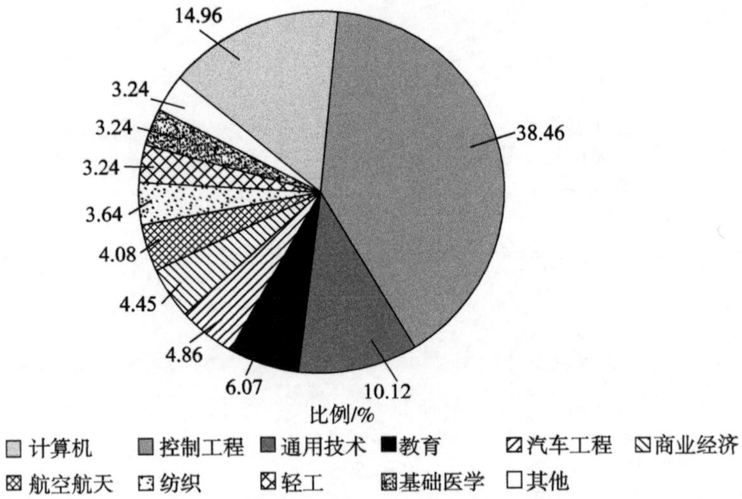

图 2-5 国内文献学科分布

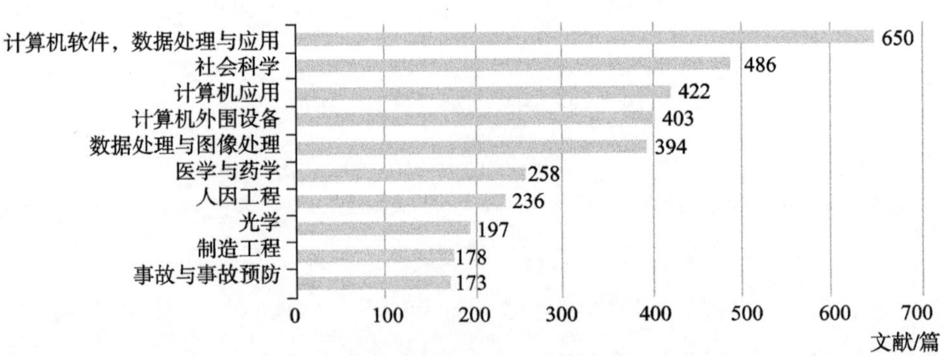

图 2-6 国外文献学科分布

2.2　眼动跟踪技术的发展

眼动跟踪是指通过测量眼睛注视点的位置或者眼球相对头部的运动而实现对眼球运动的追踪。眼动跟踪技术的测量方法早期采用直接观察法，早在 1879 年被 Javal 使用，通过简单的设备直接观察被试者眼动情况，简单方便且易操作，但是只能对眼动进行粗略了解。随后出现的机械记录法、胶片记录法等，操作过程复杂，而且准确度低。20 世纪以后，研究者逐渐探索出了通过眼球转动时眼睛周围皮肤的电位差的变化来获取眼动情况的电流记录法（眼电图法）。这种方式记录的结果并非实际运动情况，需要间接的转换计算，而且被试者的个体电位也存在差异，不能保证测量结果的准确性；此外，这种方式需要在被试者眼部周围佩戴电极，测量方法上较为复杂。1963 年，Robinson 设计了基于电磁感应原理分析眼球运动的接触镜法（电磁线圈法），这种方法需要将一种装有探测线圈的隐形镜片吸附在被试者眼睛上，线圈中产生感应电压，通过对线圈中感应电压的检测可精确测量受试者眼睛运动方向。虽然接触镜法是最精确的眼动测量方法之一，但极具入侵性，需要人眼与装置有直接的接触，会给用户带来干扰和不适。随着计算机视觉、图像处理、机器学习等技术的发展，眼动跟踪技术也有了很大的进步，2001 年，Dodge 和 Cline 首次使用摄像机记录眼动，通过分析影像中眼部的图形特征和反光特性得出视线的轨迹，为以后眼动跟踪技术的发展走向奠定了基础。目前，眼动和视线检测方法主要是基于数字视频分析（Video Oculographic，VOG）的视线跟踪技术，通过相机拍摄人眼图像，根据人眼图像信息来分析眼睛的注视向。基于 VOG 的眼动跟踪技术具有非侵入性，操作方便，用户体验较好。

目前，学者针对眼动跟踪技术的研究主要集中在对人眼视线追踪技术的创新研究，张昀等将基于 VOG 的视线跟踪技术分为两种类型：2D 视线跟踪法和 3D 视线跟踪法，如表 2-1 所示。随着计算机技术的发展，视线追踪技术不断创新。测试者与被测试者可以轻松获取精确的眼动数据是眼动跟踪技术发展的大方向。2021 年，刘佳惠等提出理想的视线跟踪系统应该具有如下特点：①“即拿即用”，无须个体标定；②大范围全自由头动下的高精度视线估计；③简化的硬件系统配置；④适合各种应用环境。

表 2-1 视线跟踪法

视线跟踪技术	类型	原理	优点	缺点
2D 视线跟踪法	巩膜-虹膜边缘法	基于巩膜和虹膜间异色边缘提取眼动特征	边缘的对比度强，特征容易提取	垂直精度远低于水平精度，单纯使用无法消除头部的相对运动
	瞳孔跟踪法	通过瞳孔-虹膜边缘的颜色对比获取眼动情况	避免垂直方向眼睑遮挡，提高垂直精度	自然光下，边缘对比度低，单纯使用无法消除头部相对运动
	基于图像处理的方法	基于神经网络的方法，建立眼部图像与眼动的高位映射关系	不需要视线与目标平面的配准模型，允许轻微头动	需要对受试者进行训练
	瞳孔-角膜反射法	通过红外光源，提取瞳孔和角膜亮斑，获取眼动信息	红外光源提高瞳孔-虹膜边缘的对比度，允许轻微头动	建立在 2D 视线跟踪技术基础上，使用前需要配准
	普普金野像法	利用光源在角膜和晶状体内外表面形成的反射获取信息	具有极高的准确度	光源和实验设备需要特殊控制

续表

视线跟踪技术	类型	原理	优点	缺点
3D 视线跟踪法	基于模型的 3D 视线跟踪技术	通过几何模型求解出眼球角膜中心与瞳孔中心，进而重构眼球的视线方向	排除头部姿势干扰，提高视线跟踪准确性	需要多个专业摄像头获取图像数据
	非模型的 3D 视线跟踪技术	以 2D 理论为基础，使用多组光源和摄像机，直接获得视线的 3D 信息	避免了配准过程，巧妙利用空间几何关系	需要多个专业摄像头获取图像数据，而且精确度不高

2.3　眼动跟踪技术在泛设计领域的应用与研究

眼动追踪技术基于“眼 - 注意”（Eye - Mind）假说，眼动数据（注视区域，注视时间，观察路径）反映被试者的各方面视觉行为，展示用户正在处理的视觉信息，以及处理这些信息的难度，能从客观角度反映用户对产品的认知过程，展示了被试者的视觉逻辑，提供了客观的数据辅助研究思维过程。Duchowski 从系统的角度，将眼动跟踪的应用领域划分为诊断型（Diagnostic）和交互型（Interactive）两类。在诊断型应用中，眼动设备负责提供用户注视实验材料过程中的视觉行为数据。通过分析这些数据，研究用户的视觉行为模式。在交互型应用中，眼动设备作为用户与机器的交互平台。从统筹眼动技术应用系统的角度、泛设计的领域和在实验中应用的目的差异，将眼动跟踪技术在泛设计领域的应用划分为在实体设计领域关注点的差异以及在交互设计领域中的作用对比。

2.3.1 眼动跟踪技术在实体设计领域的应用

在分析眼动数据过程中，研究人员可以获得对涉及多种行为的多种认知操作的解释。注视与视觉注意有关，视觉注意决定着在后续感知和行动中被选择的信息是什么，注视反映了人们的兴趣点所在以及努力去感知的信息，可以起到引导思想、激发解决方案的作用。注视时间与认知活动相关，当人们产生感知行为时，注视时间增加。注视点是由于人们为了专注于某一个区域而停止眼球运动而产生的，通常被作为外部记忆空间，以减少人对工作记忆的需求。综上所述，眼动技术提供了用户在感知实体产品时对物理特征的注意模式，从而也提供一种技术手段将用户感知与产品特征关注点联系起来，帮助设计者确定视觉设计效应的起源，并采用合适的行动。结合不同实体设计领域中面对实验对象的差异，研究人员使用眼动技术的流程与目的也截然不同。

2.3.1.1 眼动跟踪实验在产品 CMF 分析与评估中的应用

眼动跟踪技术作为研究用户视觉观察运动的生理测量手段，在产品造型分析与评估领域具有“与生俱来”的优势。通常情况下，用户对于感兴趣的事物或者区域关注时间更久，注视次数更频繁，评价也更高。Shoji Nishimura 等使用眼动追踪技术探究受试者选择商品对颜色偏好的视觉关注差异时，发现不同亚洲文化背景的人在面对不同颜色的商品时，有着不同的观看模式。周廷在研究影响注视度的家具造型特征时，对眼动实验中轨迹图以及热点图的分析发现，家具造型中的独特纹样、形态设计、传统色彩、简约构图，都会一定程度上吸引人们的注视度。Rojas – López 通过眼动实验的数据分析发现，受试者对产品造型实物和 3D 模型表达的感知存在一些细微的差异。

除了对眼动数据的直接分析获取用户造型偏好，对眼动数据和主观评价数据之间的对应关系分析以构建造型评估模型，并运用模型根据用户眼动数据进行造型评分以及造型区域特征排序，也是眼动跟踪技术在产品领域应用的重要方式，如图 2－7 所示。苏建宁在产品造型设计要素评价研究中，通过用户眼动数据及心理体验量数据分析，对产品造型要素综合权重进行计算，得出其贡献度排序，并通过对机床造型的分析验证方法的合理性与有效性。Junnan Ye 分析被测试者对四种桌面常用材料（竹、木、玻璃和金属）的眼动数据和主观评估结果，发现专业和非专业被试者对材料的评价存在显著差异。戚彬通过眼动跟踪实验得到眼动路径、注视频率、注视时间和注视点数量等数据，以定量实验方法分析得出生物典型形态特征排序，作为设计人员创意设计的重要参考。

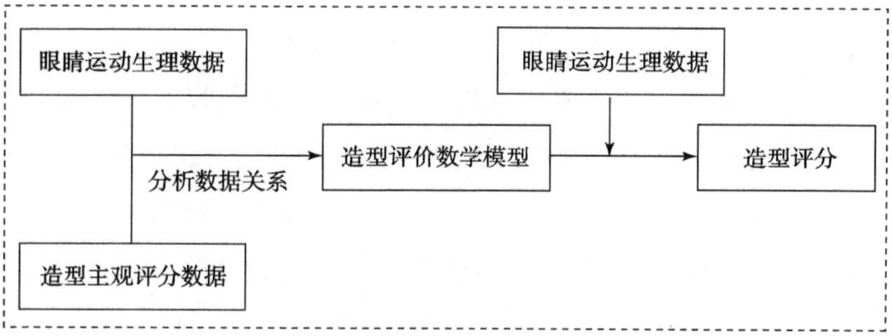

图 2－7　基于眼动跟踪技术的产品造型分析

运用眼动技术构建造型评估模型时，学者通常通过语义差异法获得各造型要素与感性意象之间的关系，结合 Likert（李克特）量表的方式进行心理量表评分，可以降低用户主观评价时的理解难度，提高评价的准确性，为数据分析奠定基础。Gang Guo 等结合眼动跟踪和语义差异法研究智能车辆外观感知体验的方法，发现设计师和用户在感知的造型语义和智能汽车的兴趣领域方面存在明显的不一致。李赛赛采用语义差异法和 Likert 7 层量表分析得到婴儿车的色彩设计意象词汇，基于用户对不同色彩词汇的认知进行眼动试验，筛选得到符合意象定位的婴儿车的配色设计方案。林鹭以家具座椅和汽车特征元素为实验样本，采用语义差异法、眼动追踪技术和回顾式口语分析法，进行产品语义感知差异实验，发现不同背景的用户对产品语义感知存在很大差异。聂康也运用此方式，获取不同 SUV 造型特征设计要素的数据贡献表。卢兆麟等为使汽车造型设计更好地符合目标用户的审美心理，结合眼动跟踪实验数据与 Likert 量表进行识别度量化分析，为面向中国市场的车型开发提供了借鉴和参考。

面对不同的造型评估对象，受试者的观察习惯差异，需要选取恰当的数据分析方法，从而构建准确有效的评价模型。不同的数据分析方法，模型的预测准确性也不同，其在汽车造型领域的评价方法流程如图 2－8 所示。卢兆麟等在眼动实验中，结合 Fisher 判别法建立汽车评价模型。李运在汽车造型评价过程中，采用单因变量偏最小二乘回归分析法建立多项眼动数据与主观评分间的数学模型，这种回归分析法无法有效表达眼动指标和主观评价的非线性关系。相比于回归分析方法，BP 神经网络算法具有更高的模型预测准确率。钟奇采用 PCA（主成分分析）－BP（反向传播）神经网络进行主观评分与眼动数据之间模型构建，具有很强的非线性函数逼近能力、自适应学习能力、容错能力和并行信息处理能力。Li Wenhua 提出了一种基于眼动追踪技术和 BP 神经网络的造型评估模型，以飞机乘客座椅为例，捕获用户的偏好，从而帮助设计师选择最佳的产品设计方案。卢国英采用了遗传算法优化 BP 神经网络，相比于直接使用 BP 神经网络预测准确率更高。

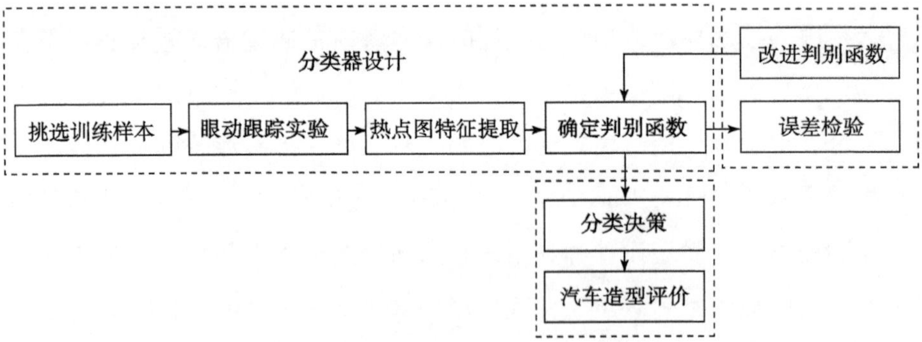

图 2－8　基于眼动跟踪特征的汽车造型评价方法流程

2.3.1.2　眼动跟踪实验在图案特征提取和视觉评价中的应用

在视觉平面以及服装设计作为由一系列造型元素通过不同的构成方法而

表现出来的形式，眼动跟踪技术在其图案元素特征以及视觉评价方面应用有一定的发展。针对图案特征元素提取方面，学者主要采用语义差异法和眼动实验识别表征意象的图像元素之间的匹配关系。如图 2－9 所示，朱叶骏和吴剑锋等以宋代牡丹纹样为样本，采用多维尺度法、语义差异法归纳出意象维度，对纹样的意象进行分类，依据均值漂移算法分析眼动数据，聚类出具有意象代表性的纹样元素并量化其表征度。张嘉楠利用眼动实验与问卷调查主客观相结合的方式对被试者识别各地区服饰实验过程中的注视停留点分析进行畲族服饰特征点提取，构建畲族服饰特征识别系统。闫龙华通过眼动技术研究苗族服饰纹样的评价，并结合语义差异法获得各个实验纹样的偏好程度，筛选出偏好显著的纹样，对其进行再设计，为苗族服饰纹样的保护传承与创新设计提供可借鉴的研究手段。Yi Taeha 等使用眼动追踪实验探究参观者在观看艺术品时对 5 类信息元素（花费的时间、固定编号、固定持续时间、目标比率、所有固定时间和访问次数）的不同关注程度。

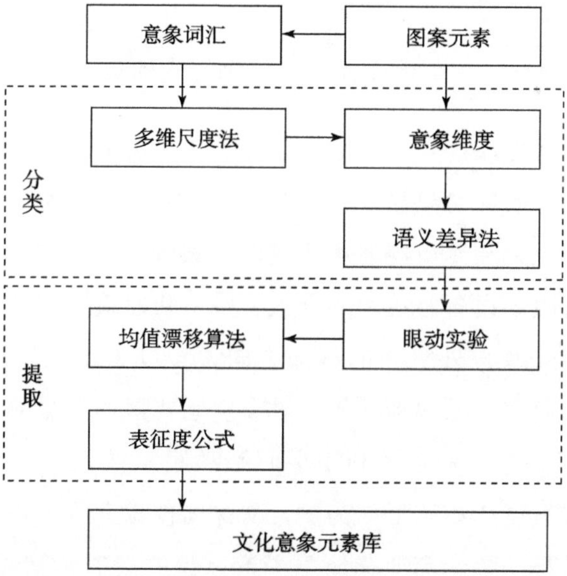

图 2－9　图案意象元素识别框图

视觉作为人类通过眼睛感知外界事物的生理反射过程，眼动在其研究中不可或缺。视觉评价通过眼动行为的有效数据，例如注视时间、注视次数、瞳孔直径等，进一步了解人们视觉的选择性质，提供一个客观、准确的视觉评价指标。结合主观问卷调查法得到视觉评价结果，以此了解个人视觉审美偏好，并且多用于服装设计领域。刘小艺等研究了针织服装方格图案大小变化对消费者关注度的影响，运用眼动实验和主观问卷调研来进行分析，总结出吸引消费者关注的方格图案设计。尚丽华等以基础 A 形裙为波点图案的载体，通过波点疏密变化、大小变化、大小与疏密同时变化三个因素进行变量设计，对其进行客观眼动追踪试验和主观喜好问卷调研，得出最受关注的图案。贾双等通过眼动实验数据，了解到被测者对针织衫图案设计部位的感兴趣程度；曹桢等研究中老年针织衫图案设计，将眼动实验获得的数据进行统计分析，得出符合中老年审美的针织衫图案设计方案。Chen Jun Jun 等通过眼动跟踪实验，利用图像识别技术记录实验数据，划分 H 形女裤的感兴趣区域，并进行多因素方差和平均值分析，确定了影响 H 形女裤造型的关键部位。

2.3.1.3 眼动跟踪实验在其他设计领域中的应用

眼动跟踪技术为环境空间感知的定量研究提供了新的角度和方法。由于城市和建筑空间的研究对象往往是 3D 空间，传统的眼动跟踪技术很难满足实验的需求。因此，在城市规划和建筑设计领域，眼动空间行为的相关研究有些滞后。随着眼动设备及技术的升级，城市和建筑空间的眼动跟踪研究慢慢兴起。动态交互及户外空间的认知方向逐步成为眼动跟踪的重要研究趋势，如景观感知研究中的眼动分析、城市空间要素的定量测量研究，以及设计的影响要素评估等。张乐敏利用空间眼动跟踪技术，通过多人群感知实验，以厦门市沙坡尾历史骑楼街为例，从深度视觉上分析不同人群对街道风貌的内在感知差异，揭示商业化历史街道风貌的人群感知影响的内在机理。张志涛利用眼动分析技术，通过虚拟实验获得景观环境感知的客观数据，分析住区景观的人眼视觉感知特征，为住区景观设计和改造提供参考。此外，还有少数学者将眼动实验应用到文字设计，董皓选取中国传统家具上的装饰文字作为实验样本，通过眼动实验的方差分析和问卷调查结果的综合数据，得到受试者对各个文字图形的偏好程度，得到文字图形设计编码的最优解。

2.3.2　眼动跟踪技术在交互设计领域的应用

人机交互是一门研究系统与用户之间交互关系的学问，也是工业设计重要的研究内容。通过眼动跟踪研究人机交互界面，可以提高系统的可用性与用户友好性。并且由眼动跟踪技术发展来的眼动控制也可以在虚拟现实平台作为交互方式的扩展与补充，拓展人机交互系统的适用范围，面向更广泛的群体。因此，眼动跟踪技术在交互领域的应用集中在以下两个方面。

2.3.2.1　眼动跟踪技术作为交互方式在人机系统中的应用

1. 在虚拟产品交互领域中的应用

虚拟现实（VR）技术是用计算机技术为使用者模拟一个 3D 虚构空间，实际模拟了视、触、听觉等感官感受。使用者在交互的过程中，计算机利用其本身强大的运算能力，将模拟构造的 3D 虚拟世界的各种信息传递给用户，以此给用户提供身临其境的感受。眼动追踪被视为 VR 的关键启用技术。如图 2－10 所示，眼动跟踪技术不仅可以通过选择性的渲染注视点大幅降低计算成本，还为设计基于眼动交互的个性化界面提供了独特的机会和应用程序。

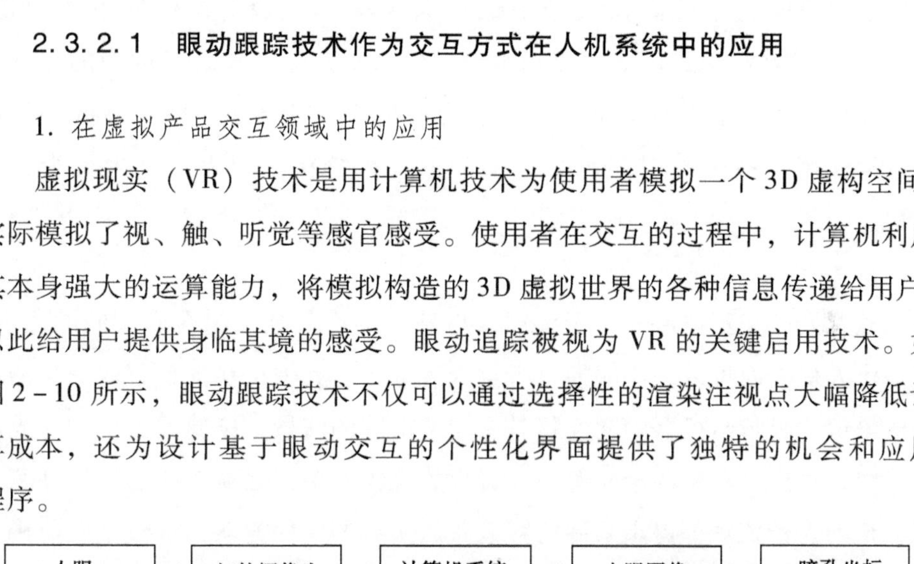

图 2－10　眼动跟踪技术在 VR 设备中的应用

在这方面的眼动跟踪技术研究主要集中于小体积频繁移动的 VR 设备中精确识别及跟踪视线设备的创新。熊小峰提出了一种在 VR 平台下瞳孔区域识别和定位的方法，实时获取眼动数据，实现了眼动控制鼠标或者眼动打游戏等人机交互，作为 VR 头盔娱乐交互方式的一种补充。岳敬伟等发明了一种基于眼动跟踪的 VR 交互方法及装置，通过追踪和计算眼部图像中瞳孔的中心位置来测量瞳孔的位置，建立瞳孔的运动轨迹测量。此外，还能够通过监测瞳孔的变化，实时监测使用者的生理或认知状态和情绪变化，以及眼动轨迹和瞳孔的变化，如扩张或缩小的相应程度。2019 年，张乐敏等提出了一种基于 VR 结合眼动跟踪的城市风貌特征识别的方法。Dmytro Katrychuk 等提出了一种适用于便携式 VR 耳机的高效节能防抖的眼动追踪传感器，解决传感器移位时光电传感器眼动跟踪技术（PSOG）设备的性能下降问题。Wang Yan 等在沉浸式环境中使用眼动追踪数据来研究设计过程中的沉浸式场景和传统场景是否对学生的认知能力产生不同的影响。Peng Tian 等提出了一种使用头戴式虚拟环境结合眼动追踪来分析室内火灾逃生行为的新方法。

2. 在实体交互领域的应用

随着人机交互技术的不断发展，自然交互产品越来越受到人们的重视。下一代人机界面可以使用触摸、听觉或视觉等。其中，视觉是获取信息的最重要渠道，眼睛与机器的交互将具有非常广阔的前景。杨瑞提出一种双光源视线跟踪算法，利用两个光源为光斑丢失提供冗余，提高系统的可靠性和系统的精度。杨庆华等提出采用可穿戴式的系统的硬件方案，将微型电荷耦合器件（CCD）摄像头安装在普通眼镜上实现了眼图采集功能，实现了对眼睛视线的跟踪检测。Fabian Gobel 等提出了一个名为 Featur Eye Track 的框架，将眼动数据与交互式地图上的地图特征自动匹配，而无须人工注释。Fang Zhi - Gang 等开发了可在驾驶中使用的系统 EyeHUD（Eye Head Up Display），包括眼睛预设界面、眼睛控制界面和虚拟车辆场景，驾驶员可以通过眼睛控制对界面进行操作。

眼动交互方式也极大拓展了人机交互系统的用户群体，为无法使用常规键盘鼠标的残障人士提供了全新的可实现的交互方式。王鹏为这类群体设计了一种基于眼动跟踪技术的智能家居控制器，该控制器通过眨眼控制家电的开关，实现眼动控制家居电器，满足实时性的要求，同时采用视频图像处理技术能有效避免环境语音噪声的干扰。Suchada Tantisatirapong 等设计了一种基于眼动追踪控制系统的凝视控制的虚拟泰语键盘，并通过自动和自由形式的键入模式简化老年人和残疾人的使用。Alexandre Bissoli 等针对重度残疾人在与家庭设备进行交互时可能会遇到的困难，提出了一个基于物联网控制和监视智能家居的眼动追踪的辅助系统，重度残疾人可以使用此系统控制住所中的日常设备。照顾者还可以远程监控，并且通过互联网实时使用该系统。这些文献对在人机交互系统中更新型的眼动控制方式进行探索，拓展了未来人机交互途径。

2.3.2.2　眼动跟踪实验在界面可用性测试中的应用

目前的交互产品评价大多建立在定性研究的基础上，多以调查问卷、访谈等手段提取设计评价点，开展后续研究。随着计算机技术的发展，眼动追踪技术不断创新。将眼动跟踪技术运用到产品可用性测试中，与定性研究手段相比，可以获得可靠的生理测量数据，增加了设计评价的科学性，为设计的定量研究提供了新的思路。

眼动跟踪技术作为一种实验手段的应用，为界面设计的规则制定以及评估网页的排布改变时用户的关注区域位置是否存在差异提供了重要的科学依据。Shan 等通过眼动实验和评价实验研究优化了按摩椅界面的信息结构和交互方式，为物联网移动界面的优化设计提供数据支撑。Wang 等通过眼动跟踪技术和专家主观分析对飞机驾驶舱界面进行了人机工程学评估，以诊断设计问题。Clark 等提出可以使用更低成本的眼动跟踪通过检查鼠标移动数据也可以提供与视线数据类似的用户行为洞察，用于分析和改善网站。卢纯福等基于眼动跟踪技术测量对用户与跑步机之间的人机界面进行测量，通过实验结果分析及相应改进建议，设计获得更优的跑步机人机界面。Ezgi İlhan 通过眼动跟踪实验获得的数据对计算机赛车游戏元素、用户界面的图形、功能按钮的位置和颜色的可用性方面进行判断。Yixiang Wu 等提出了一种基于眼动的智能手表可用性评估方法，对智能手表界面用户性能的可用性水平进行了测试。

2.3.3 眼动跟踪技术在情绪及行为研究中的应用

2.3.3.1 眼动跟踪实验在情绪研究中的应用

在人机交互过程中用户所产生的情感是评价产品优劣的重要途径，对用户情感的研究一直是交互设计的研究热点。眼动数据是在交互过程伴随着情感变化产生的客观信号，能客观真实地反映被试者当时的情感状态。

运用眼动跟踪技术测量情绪包括生理测量和行为观测两种方法：①通过测量瞳孔直径，分析瞳孔大小变化判断出用户是否发生了情绪变化；②通过注视、眼跳等衍生出多种眼动行为数据，如持续注视时间、注视次数、首次注视时长、首次被注视用时、兴趣区眼跳进入次数、眼跳轨迹等，作为瞳孔测量的补充，弥补单一瞳孔生理测量方法的不足。李磊等对驾驶员在不同情绪下的眼动指标、注视轨迹图和热图分析情绪对注意力的影响关系进行研究，并将实验数据导入支持向量机（SVM）进行机器学习，利用 SVM 预测驾驶员情绪与注意力状况。Kitsuchart Pasupa 等提出了一种使用眼球运动信息以及颜色、形状和纹理等低级图像特征来预测用户对抽象图像（快乐、悲伤、愤怒和恐惧）情绪的方法。

脑反应成像技术作为监测用户大脑活动的重要情绪测量手段之一，通过 EEG（脑电图）、ECoG（皮层脑电图）FM RI（功能性磁共振成像）等可以从时间和空间两个维度精确监测到用户受到外界刺激时的脑反应，从而获悉情绪变化的强度与速度。与眼动技术结合测量用户情绪，可以获得更加全面、准确的结果。Yang 和 Milekic 等发现，脑电图和眼球运动都可以表明一个人对抽象艺术绘画等物体美学的情感反应。Yisi Liu 等通过实验研究使用脑电图和眼部跟踪等生物信号来研究机器人设计的偏好，发现机器人头部和面部特征会第一时间给消费者留下了深刻印象。除了利用眼动信号和脑电信号检测被试者情绪和偏好为设计进行指导，很多研究则通过眼动与脑电实验，探索两者数据融合策略，构建情绪识别模型。陆怡菲探究了脑电信号和眼动信号对不同情绪的区分能力和表征特性，并通过不同的模型融合策略（包括深度神经网络）将脑电信号和眼动信号结合，建立内部神经模式与外部潜意识行为相结合的多模态情绪识别模型。欧阳天雄也提出了基于多层自注意力机制的情感分类模型用于脑电信号与眼动信号的多模态情感识别。

为了保证数据分析的准确性，避免相似的眼动行为反应可能对应着完全相反的主观感受的情况，在主观情绪研究中，眼动实验多与 PAD（Pleasure - Arousal - Dominance，愉悦度 - 激活度 - 优势度）情感维度量表或与 Likert 量表结合，以主观报告为对照，综合分析多种眼动行为数据或生理数据。平正强通过偏最小二乘回归分析建立眼动指标和 PAD 情感值的数学模型进行情感预测。Guo Fu 等通过实验获得了用户的眼球运动和 PAD 数据进行方差齐性检验和单因素方差分析，确定了与情绪相关的眼球运动指标。Ermes Verena 也用此方法进行情绪识别，此外还采用偏最小二乘方法建立眼动指标与用户情感之间的关系模型。与 PAD 情感维度量表相比，Likert 量表数据更加综合，适合影响因素单一和涉及眼动指标不多的情感体验度量。田少煦通过眼动实验客观地记录了对应颜色的首次进入时间、兴趣区、热点图等数据，并与 Likert 量表结合发现了中国人色彩情感趋向的一些基本规律。

2.3.3.2　眼动跟踪实验在行为分析中的应用

用户行为可定义为：“用户在直接或间接使用产品过程中所产生的行为表现”，对用户行为的研究本质上就是以用户为中心的研究。用户行为分析的结果可以把握住用户心理期望、推断出潜在问题，拓展出新的设计思路，产出符合用户真实需求的产品。通过眼动跟踪技术分析用户对产品的偏好、操作、使用习惯等方面，得出有价值的行为数据，以此建立用户行为分析模型来指导后续的设计活动。

眼动跟踪技术作为诊断工具对用户的行为研究，主要在视觉搜索（Visual Search）行为、文字阅读行为、实景环境中的寻路行为和驾驶行为。探究用户搜索行为以及阅读行为的习惯和规律，可以为设计具有良好用户体验的产品、界面提供依据和理论基础。例如，北京理工大学卢万譞在利用眼动跟踪设备分析包括网页搜索和图像搜索在内的网络搜索行为中，发现用户在网页搜索中存在对用户推荐（User Recommendation）存在视盲现象，以及用户在浏览和选择处于同一行的搜索结果时存在“中间 - 左边 - 右边”的优先级顺序，称为颁奖台（Podium）模式。Slanzi 等基于瞳孔放大和脑电信号等生理分析数据，提出了一种分析网站用户行为和偏好的方法。瑞士学者 Khan 和 Sehrish Sher 通过眼动追踪用户研究，探讨情感设计对在线交互和查询制定方面的信息搜索行为的影响，发现用户倾向于形成更精确的搜索查询公式。Strzelecki 和 Artur 分析了对网络搜索引擎行为进行同行评审的实证眼动研究，提出了一个 12 个元素的编码矩阵：搜索引擎，设备，参与者，界面，结果，措施，场景，任务，语言，演示文稿，研究问题。

在文字阅读行为研究中，多采用由赖希勒等提出的 E - Z 读者模型，如图 2 - 11 所示。许洁认为 E - Z 读者模型较为科学合理，但仍有不足之处，并在整合了有关阅读行为眼动研究的指标、方法、模型的基础上，提出有关阅读行为的眼动跟踪研究模型，如图 2 - 12 所示。复旦大学李夏青等通过眼动跟踪实验数据解析、SPSS（Statistical Product and Service Solutions，统计产

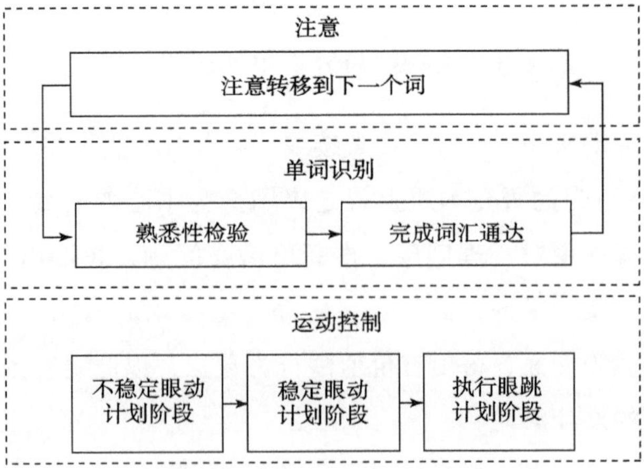

图 2 - 11　E - Z 读者模型

品与服务解决方案软件）统计计算以及带稿同传绩效检验，发现词内语素眼动点位密度、词间语素眼动点位密度和行间语素眼动点位密度与学生译员带稿同传绩效不成正比。

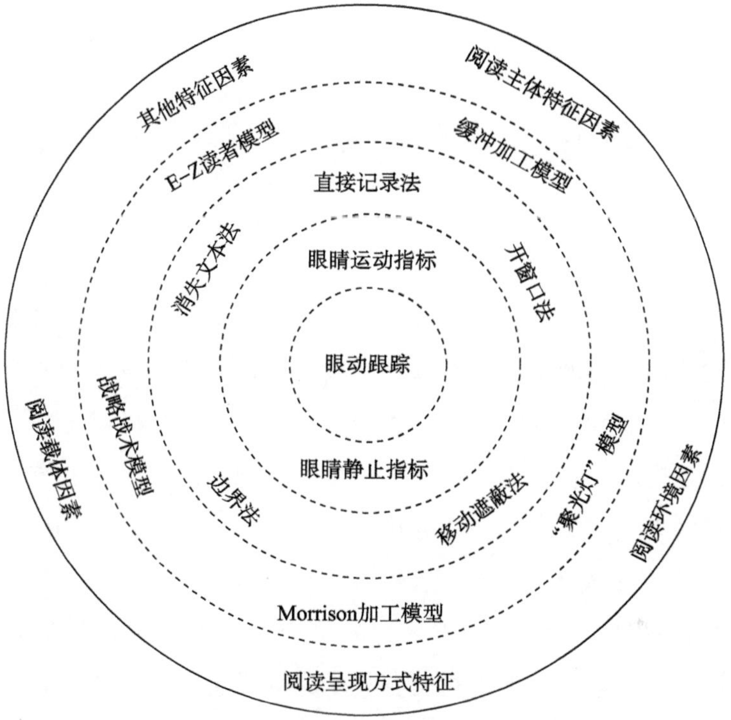

图 2－12　有关阅读行为的眼动跟踪研究模型

眼动跟踪技术能够实现在不影响正常驾驶的情况下，检测识别驾驶人疲劳状态，这方面的研究多集中于通过眼动跟踪算法的开发，帮助机器准确获取驾驶员状态信息，从而采取相应措施。察晓磊设计了一种基于 GoogleNet 的桌面式眼动跟踪算法可以检测驾驶员的面部关键区域，准确分析汽车驾驶情境下驾驶员的注意力状态。秦立鹏通过自适应增强算法训练分类器，识别视频图像中驾驶人的脸部、眼部以及嘴部区域，并通过对眼动信息以及驾驶行为特征的分析，确定疲劳检测参数。Akshay 将手机摄像头和检测系统之间建立连接，系统进一步对图像执行计算以确定驾驶员的困倦程度。此外，眼动实验也用于对驾驶员注意力的检测，Darko Babić 使用眼动追踪来分析驾驶员对穿着不同服装（黑色或浅色服装，橙色或黄色反光背心）的行人的感知程度和距离。Siwei Ma 利用驾驶模拟和眼动追踪系统来研究改进的交通标志和路面标记（PSM）在闪光灯控制的平交道口的功效。

2.4 眼动跟踪技术在泛设计领域的发展趋势

不断与各个学科融合和吸取科学的研究方法是设计发展的必然趋势，也是设计领域普遍欠缺的地方。在设计领域引入眼动跟踪技术的研究，可以赋予感性的设计以理性的保障。不仅作为交互方式为设计提供了新的思路，拓宽了设计的宽度与广度，也提供了更加科学合理的设计研究的方法体系，对设计各领域的发展具有深远的指导价值。

1. 眼动交互方式的发展

随着互联网和人工智能的发展，人机交互技术也越来越受到人们的关注。眼动跟踪作为新一代的人机交互技术，因其直接、自然、灵敏的特性可以代替传统复杂繁琐的程序操作，从而更快捷、准确地执行交互控制命令。未来对于实时的视觉驻留选择和眼势两种交互方式的区分与应用将会极大降低交互过程的出错率。这种方式不仅可以解放双手，并且有利于更多人群，特别是特殊人群的使用。

2. 建立数据量化分析标准

目前，有许多种眼动跟踪的技术，但是都各有利弊，并且这种量化的思路还没有深入设计领域学者的研究方法体系中。通过眼动仪结合计算机软件来量化视觉运动是基础，建立量化标准能够更加推动眼动跟踪技术在泛设计领域的应用与研究的落地性。

3. 促进实验与设计活动相结合

随着计算机技术和红外线等捕捉技术的发展，眼动跟踪实验被越来越多地应用在工业设计领域。眼动跟踪实验作为一种以实验数据为基础的定量以及定性研究，在一定基础上可以为设计活动提供设计支持。就后续的研究而言，可以利用眼动跟踪探索更多的结合点，拓展研究的广度，在推动工业设计领域研究科学化与实证化的同时，丰富其研究内容与方法体系。

2.5　基于眼动跟踪技术的汽车造型认知研究

目前，对于汽车造型评价问题尚存在以下不足：①汽车造型各要素通常是相互关联的，很难在各自独立的前提下界定，并且用户是经过综合认知加工后产生整体意象，因此对各造型要素评价的简单累加并不能得到完整而全面的结果；②虽然研究表明产品意象是可以定量化的，但是因为对产品的评价是人们基于认知的、对产品内在属性和外在表现的一种主观描述和感性认识，这种评价从根本上来说是对模糊性现象的描述，具有个体差异性。

针对以上问题，本章提出一种基于眼动跟踪特征的汽车造型评价方法，以眼动热点图为基础构建车型评价指标体系，通过 HSV 模型提取其颜色特征，并计算其灰度直方图的各项统计值，将产品造型的评价定义为二分类问题，构建产品造型评价的判别函数模型，实现对产品外观造型的整体性评价并建立客观性标准，为厂商新车型的开发提供技术支持。

2.5.1　基于眼动跟踪的产品造型整体性认知

研究显示，80% ~90% 的外界信息是由人眼获取的。20 世纪中期以后，随着摄像技术、特别是计算机技术的运用推动了高精度眼动仪的研发，极大地促进了眼动研究在相关学科中的应用。

根据研究，人类的眼动主要包括三种方式：注视，眼跳，追随运动。而眼动跟踪的主要测量参数包括注视点数量、注视时间、注视转换频次、注视时间比率、扫描路径、首注视点等。由于人的正向静视野范围达到180°，用户在观察汽车造型时能够迅速地进行特征的扫视和注视，同时在人脑中进行“特征捆绑”的信息处理，因此通过眼动跟踪实验可以获得这一认知过程的信息，进而对汽车造型做出整体性评价。

2.5.2 眼动数据指标体系的建立

1. 热点图方法

为了便于在实际中的应用，需要将大量眼动跟踪数据通过合理的可视化方式进行处理与分析，从而直观地表达出眼动数据的时空分布特征。目前，主要方法包括扫描路径法、热点图法、感兴趣区法、三维空间法。对于汽车造型评价而言，关键在于衡量造型特征对视觉的吸引力指数以及比较其对意象认知的影响强度。热点图可用于发现最能引起用户注意的视觉对象，比较各视觉对象之间吸引用户注意力的强弱关系，并具有支持多用户数据显示的优点。因此，将基于热点图构建眼动跟踪的指标体系。

具体而言，热点图将眼动跟踪数据转化为2D彩色图像，将用户的注视点个数、注视持续时间及占总时间的百分比、扫描路径等数据，映射为颜色、透明度等可视化参数，并叠加在作为背景的眼动实验刺激材料上，计算公式为

$$T_i = T_{i-1} + \begin{cases} \dfrac{R-D}{R} \cdot \dfrac{W_i - Q \cdot B}{B}, & D \leqslant R \\ 0, & \text{其他} \end{cases} \tag{2-1}$$

式中，假设在背景图片上的注视点共有 n 个，第 i 个注视点在热点图上单个像素累计透明度为 T_i（$i=1, 2, 3, \cdots, n$）；R 为注视点对周围像素影响的最大半径；D 为各像素到第 i 个注视点的距离；W_i 为第 i 个注视点的持续时间；B 为热点图完全透明时所对应的注视点最小持续时间；Q 为表示不透明的指数（完全遮挡时 $Q=100\%$）。B，Q，R，D 可根据需要预先设定，而且规定 $T_0=Q$，T_i 取值范围为［0，1］。以此为基础，通过“蓝－绿－黄－红”的颜色映射表示注视时间，时间越长则偏暖色（红色），反之则偏冷色（蓝色）。

2. 基于热点图的指标体系建立

步骤 1　颜色特征提取

为了与人眼的感知特点相符，将热点图红、蓝、绿（RGB）模式转化为 HSV 颜色模型。其中，$H \in [0,360]$ 代表色度；$S \in [0,1]$ 代表饱和度；$V \in [0,1]$ 代表亮度。

由于在眼动热点图中采用统一的饱和度和亮度，不具有区分性，因此将色度值作为颜色特征。以色度平均值 K 作为指标，则

$$K = \frac{1}{N}\sum_{m=0}^{N} K_m \tag{2-2}$$

式中，N 为热点图中总的像素数；K_m 为第 m 个像素点对应的色度值。

步骤 2　灰度直方图特征提取

为了进一步获取热点图的信息，这里采用灰度直方图特征提取的方法对热点图进行处理。灰度直方图实质上是表示灰度级的一种离散函数，即

$$H(i) = \frac{n_i}{N}, i = 0,1,\ldots,L-1 \tag{2-3}$$

式中，i 表示灰度级；L 表示灰度级种类数（0～255）；n_i 表示热点图中具有灰度级 i 的像素的个数；N 表示图像总的像素数。

以此为基础，对灰度直方图进行进一步分析，通过统计特征量建立指标体系，如表 2-2 所示。

表 2-2　基于灰度直方图的统计指标

指标名称	释义	计算公式
灰度均值	反映了图像的平均灰度的状况	$\mu = \sum_{i=0}^{L-1} iH(i)$
方差	反映了图像灰度值的离散分布情况	$\sigma^2 = \sum_{i=0}^{L-1} (i-\mu)^2 H(i)$
偏斜度	反映了图像的灰度直方图分布的不对称程度，偏斜度越大表示直方图分布越不对称；反之则越对称	$\mu_S = \frac{1}{\sigma^3}\sum_{i=0}^{L-1} (i-\mu)^3 H(i)$

续表

指标名称	释义	计算公式
峰态	峰态反映的是图像的灰度分布在接近均值时的状态，用以判断图像的灰度分布是否非常集中于平均灰度附近。峰态越小，表示越集中；反之，表示越分散	$\mu_K = \frac{1}{\sigma^4}\sum_{i=0}^{L-1}(i-\mu)^4 H(i) - 3$
能量	能量反映的是直方灰度分布的均匀程度，灰度分布较均匀时能量较大；反之，则较小	$\mu_N = \sum_{i=0}^{L-1} H(i)^2$
熵	熵反映了直方图灰度分布的均匀性	$\mu_E = -\sum_{i=0}^{L-1} H(i)\log_2[H(i)]$

2.5.3 汽车造型评价的判别函数模型

2.5.3.1 面向汽车造型的样本分类

对产品造型的评价从本质上说是样本分类问题，即通过观察或测量指标，将产品造型分为若干“好”“中”“差”评价级。在实际的运用中，多将研究对象分为 G_1 和 G_2 两类，称为二分类问题。例如，将产品造型分为两类：“识别度高”的为一类，“识别度低”的为另一类；进一步将该两类产品造型进行比较，归纳并总结出提高产品识别度的设计方法，并对新产品的识别度进行预测分析。

定义 2.1 设 n 个产品造型样本集合为 $C = \{C_1, C_2, C_3, \cdots, C_n\}$，将产品造型眼动热点图的颜色特征与灰度直方图特征提取后的统计指标作为特征，则特征集合为 $X = \{X_1, X_2, X_3, \cdots, X_7\}$，其中，$X_1$ 为灰度均值 (μ)，X_2 为方差（σ^2），X_3 为偏斜度（μ_S），X_4 为峰态（μ_K），X_5 为能量（μ_N），X_6 为熵（μ_E），X_7 为色度均值（K）。以上数值构成一个 7 行 n 列的特征矩阵：

$$\begin{bmatrix} X_{11} & X_{21} & X_{31} & \cdots & X_{n1} \\ X_{12} & X_{22} & X_{32} & \cdots & X_{n2} \\ X_{13} & X_{23} & X_{33} & \cdots & X_{n3} \\ X_{14} & X_{24} & X_{34} & \cdots & X_{n4} \\ X_{15} & X_{25} & X_{35} & \cdots & X_{n5} \\ X_{16} & X_{26} & \cdots & \cdots & X_{n6} \\ X_{17} & \cdots & \cdots & \cdots & X_{n7} \end{bmatrix} \tag{2-4}$$

对于某个产品造型 $C_j \in C$ 而言，其特征值为 $\{X_{j1}, X_{j2}, X_{j3}, X_{j4}, X_{j5}, X_{j6}, X_{j7}\}$，可构成一个七维的特征向量值：

$$\boldsymbol{X}_j = (x_1, x_2, x_3, x_4, x_5, x_6, x_7)^{\mathrm{T}} \tag{2-5}$$

对汽车造型 C_j的评价，即根据其 7 个特征值，判断其属于两类 G_1 和 G_2 中的某一类。

定义 2.2　建立面向产品造型的线性判别函数，即

$$d(x) = w_1 x_1 + w_2 x_2 + w_3 x_3 + \ldots + w_7 x_7 + w_8 \tag{2-6}$$

式中，$d(x)$ 为判别值；x_1，x_2，…，x_7为基于产品造型热点图的 7 项特征值；w_1，w_2，…，w_7为判别系数，用于判定特征值权重，w_8为常量。

对于产品造型的二分类问题判别，采用以下决策规则：

$$\boldsymbol{d}(\boldsymbol{x}) = \begin{cases} <0, \boldsymbol{S} \text{ 属于 } \boldsymbol{G}_1 \\ >0, \boldsymbol{S} \text{ 属于 } \boldsymbol{G}_2 \\ =0, \boldsymbol{S} \text{ 属于两类中任意类，或拒绝分类} \end{cases} \tag{2-7}$$

2.5.3.2　基于 Fisher 判别的线性函数模型

Fisher 判别法被公认为特征提取的最有效方法之一，尤其适用于二分类判别分析，其基本思想是通过投影的方法进行降维，把多维空间的样本投影在一条直线上，从而最大限度地缩小同类样本的差异，并且扩大不同类样本间的差异；最优方向的投影线需要通过样本训练得到。Fisher 判别法借用了一元方差分析的思想，依据组间均方差和组内均方差之比最大的原则进行

判别。

本节将基于 Fisher 判别法建立线性函数。首先计算多维空间内样本均值向量 M_i，计算公式为

$$M_i = \frac{1}{n_i}\sum_{x \in G_i} x, \quad i = 1,2 \tag{2-8}$$

式中，n_i为样本个数。

通过变换，映射到一维空间后的均值向量为 m_i，计算公式为

$$m_i = \frac{1}{n_i}\sum_{y \in G_i} y, i = 1,2 \tag{2-9}$$

映射后得到的样本组内离散度为 S_i^2，有

$$S_i^2 = \sum_{y \in G_i} (y - m_i)^2, i = 1,2 \tag{2-10}$$

则定义 Fisher 的准则函数为

$$J_F(w) = \frac{|m_1 - m_2|^2}{S_1^2 + S_2^2} = \max \tag{2-11}$$

式中，J_F（w）最大解即为最佳解向量，即 Fisher 的线性判别式。

2.5.4 实例研究与方法验证

基于眼动跟踪特征的产品造型评价方法流程，如图 2-13 所示。

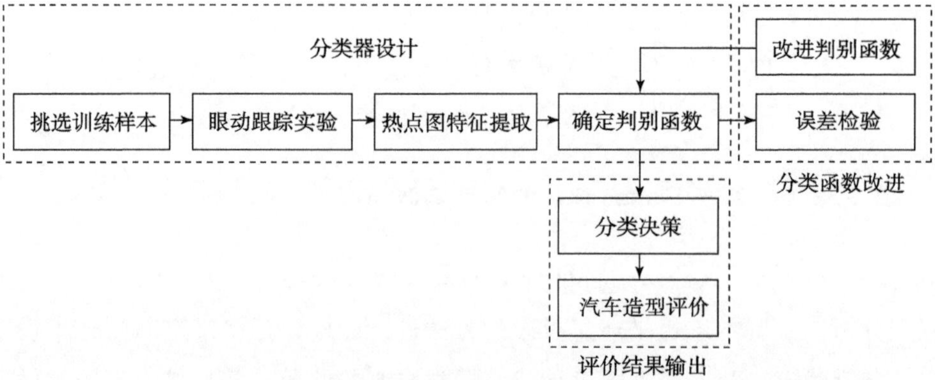

图 2-13 基于眼动跟踪特征的产品造型评价方法流程

2.5.4.1　训练样本的选取

这里选择汽车前部正面造型为研究对象，确定汽车造型分类为用户“喜好度高（G_1）”和“喜好度低（G_2）”两类。研究表明，在汽车的各部分造型中，前部正面造型最能传达意象与风格信息。搜集不同品牌的乘用车前部正面造型图片共 30 张，均为市场上现售车型。为避免影响，将图片处理为无彩色，并将车标覆盖，分辨率 600dpi。被试者共 17 名，均有两年以上驾驶经验，平均年龄 24.8 岁。

使用 -3（否）~3（是）的李克特量表（Likert Scale）进行问卷调查。提出问题为“您是否喜欢这款车的造型”。统计显示，各样本喜好度均值为 -0.35，中位数为 -0.59。分值最高和最低分别为 1.06（科鲁兹汽车）和 -1.18（雪铁龙汽车 C1），具有典型意义，作为训练样本材料。分别编号 1 和 2，如图 2-14 所示。

(a)

(b)

图 2-14　训练样本

(a) 训练样本 1；(b) 训练样本 2

2.5.4.2　训练样本的眼动跟踪实验及特征提取

1. 眼动跟踪实验

使用德国 Ergonieers 公司生产的 Dikablis 头戴式眼动跟踪仪进行测试，该眼动跟踪仪为单眼式跟踪模式，以红外摄像头捕捉左眼瞳孔。在测试开始前，每一位被试者分别进行调校；实验开始后将样本的图片全屏呈现在19″显示器上，被试者采用坐姿并与显示屏保持平视，相距约90cm，如图2-15所示。

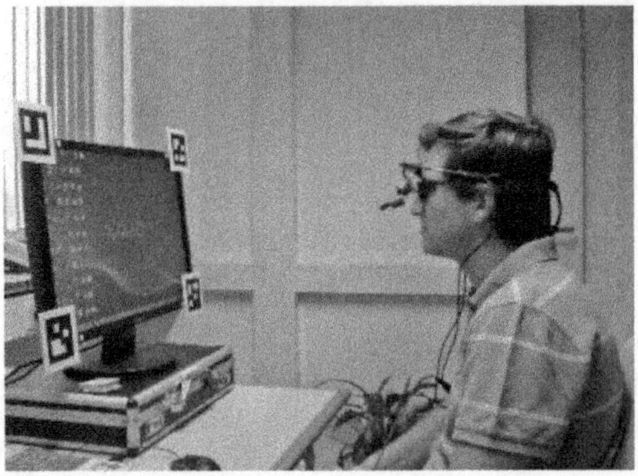

图2-15 实验场景

被试者共有11名，其中男性7人，女性4人。主持人向被试者介绍实验的目的和方法后发出指令，要求被试者以视觉审美为目的观看样本图片，时间为15s，结果由D-Lab软件处理。

2. 眼动热点图处理与特征提取

（1）由软件分别生成11名被试者的眼动热点图，限于篇幅，仅列举其中一位被试者眼动热点图，如图2-16所示（彩色图处理为灰度图后）。

图2-16 训练样本的眼动热点图

（a）训练样本1；（b）训练样本2

（2）对训练样本 1 和训练样本 2 的眼动热点图进行处理和特征提取，首先将眼动热点图从背景实验材料中剥离，同时对颜色信息进行量化编码；然后将彩色图处理为灰度图，得到直方图。以图 2－16（a）为例，经过处理后得到的眼动热点图如图 2－17 所示。

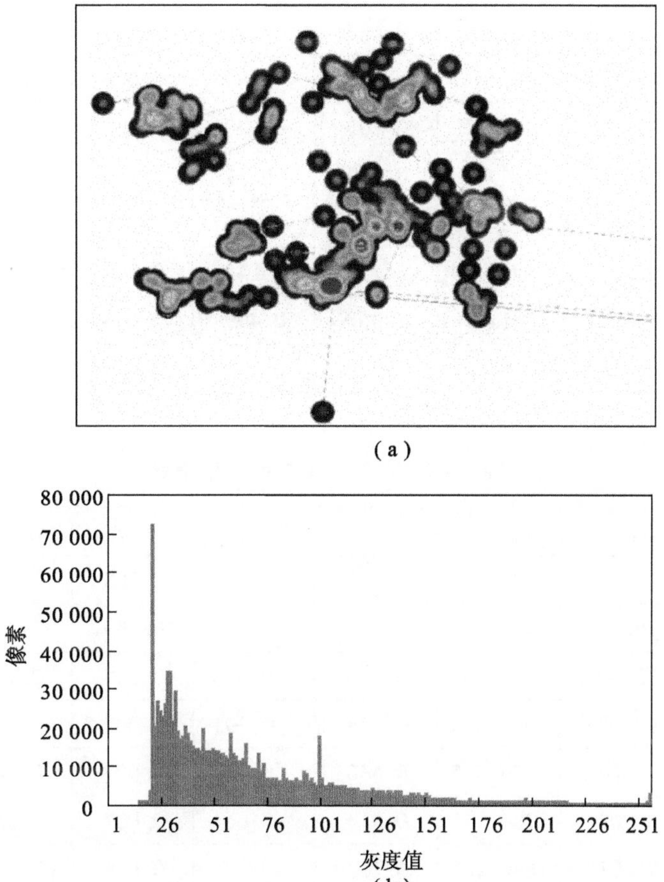

图 2－17　经过处理得到的眼动热点图和灰度直方图

（a）眼动热点图；（b）灰度直方图

对 11 名被试者眼动热点图进行特征提取，经统计得到的分析结果如表 2－3 和表 2－4 所示。

表 2-3 训练样本 1 的分析结果

对象	$X_1=\mu$	$X_2=\sigma^2$	$X_3=\mu_S$	$X_4=\mu_K$	$X_5=\mu_N$	$X_6=\mu_E$	$X_7=K$
被试者 1	76. 346	1788. 728	0. 716	-0. 486	0. 008	7. 155	208. 956
被试者 2	79. 026	2129. 913	0. 810	-0. 278	0. 008	7. 253	204. 916
被试者 3	78. 364	2043. 521	0. 881	-0. 027	0. 008	7. 247	204. 922
被试者 4	79. 672	2119. 298	0. 653	-0. 595	0. 008	7. 274	201. 987
被试者 5	78. 162	2061. 861	0. 648	-0. 596	0. 008	7. 270	204. 800
被试者 6	79. 783	1946. 110	0. 703	-0. 403	0. 008	7. 253	204. 865
被试者 7	72. 196	1734. 479	0. 747	-0. 514	0. 009	7. 112	211. 551
被试者 8	85. 691	2230. 868	0. 444	-0. 792	0. 007	7. 354	195. 052
被试者 9	75. 153	1853. 770	0. 731	-0. 427	0. 008	7. 168	209. 516
被试者 10	69. 907	1841. 278	1. 067	0. 499	0. 009	7. 104	208. 741
被试者 11	67. 869	1675. 367	0. 979	0. 238	0. 009	7. 047	214. 489

表 2-4 训练样本 2 的分析结果

对象	$X_1=\mu$	$X_2=\sigma^2$	$X_3=\mu_S$	$X_4=\mu_K$	$X_5=\mu_N$	$X_6=\mu_E$	$X_7=K$
被试者 1	71. 672	1777. 848	0. 822	-0. 147	0. 008	7. 134	214. 830
被试者 2	76. 022	2102. 735	0. 686	-0. 328	0. 009	7. 196	201. 925
被试者 3	75. 403	1790. 197	0. 570	-0. 523	0. 008	7. 160	207. 962
被试者 4	72. 638	1997. 063	0. 724	-0. 391	0. 008	7. 165	209. 644
被试者 5	76. 849	1799. 905	0. 536	-0. 554	0. 009	7. 149	204. 490
被试者 6	84. 029	2209. 908	0. 514	-0. 664	0. 007	7. 355	200. 821
被试者 7	72. 214	1690. 260	0. 742	-0. 194	0. 008	7. 143	212. 836
被试者 8	73. 551	2065. 443	0. 788	-0. 256	0. 008	7. 185	203. 025
被试者 9	72. 778	1574. 610	0. 627	-0. 456	0. 008	7. 114	217. 732
被试者 10	75. 336	2266. 348	0. 767	-0. 257	0. 008	7. 245	201. 653
被试者 11	73. 065	1978. 316	0. 892	0. 130	0. 009	7. 175	206. 489

2.5.4.3　判别函数模型建立与检验

1. 判别函数模型的建立

表 2－3 和表 2－4 中的数值矩阵经过 Fisher 判别（限于篇幅，计算过程不再赘述），计算后结果："喜好度"高的组中心点数值为 －1.644；"喜好度"低的组中心点数值为 1.644。典型相关系数为 0.865；特征值（即组间平方和与组内平方和之比）为 2.975；$P = 0.002 < \alpha = 0.05$ 的显著性水平，表明有意义；得到判别方程为

$$d(X) = -0.755X_1 + 0.009X_2 - 36.676X_3 + 9.960X_4 + 2707.174X_5 + 39.319X_6 + 0.364X_7 - 310.079 \quad (2-12)$$

本例为二类判别，以 0 为分界点；针将某款车型前部正面造型，对用户进行眼动跟踪测试并将其热点图的特征值代入判别方程，分值大于 0 的表明该用户不喜欢车型的设计，分值小于 0 的表明喜欢。

2. 判别函数模型的检验

另外选取汽车造型作为样本，对上述函数模型进行检验，如图 2－18 所示。

图 2－18　其中一个验证样本

对 11 位被试者的眼动热点图进行处理与判别计算，并将计算结果与 7 点 Likert 量表（－3 ~ +3）结果进行独立样本 T 检验，如表 2－5 所示。

表 2-5 结果对比

被试者编号	判别函数计算结果	李克特量表结果
1	-1.475	+1
2	-0.282	0
3	-1.432	+2
4	-0.283	+1
5	-2.477	+3
6	-1.071	-1
7	-1.577	+1
8	-3.654	0
9	0.090	-1
10	-1.890	+3
11	-0.780	-1

T 检验结果显示，$F = 1.665$，$P = 0.212 > \alpha = 0.05$，无显著性差异，表明该方法是可行的。

2.5.5 总结与展望

本章首先提出了一种基于眼动跟踪技术的产品造型评价方法，以眼动热点图为基础构建指标体系，并通过提取热点图的颜色特征和灰度直方特征加以实现；然后将产品造型的评价定义为分类问题，采用 Fisher 判别进行样本的二分类，建立判别函数模型；最后以实例具体论述了该方法的步骤，T 检验的结果证实了方法的有效性与实用性，具有较高的准确度，为实现产品造型的客观性与量化评价提供了一种可行的技术途径。

在未来的研究工作中，将进一步对函数模型进行优化，使加权指标与用户评价偏差最小。同时，由于眼动的复杂性，存在"米达斯接触"（Midas Touch）问题，即：眼动信号以主动方式扫过实验材料，系统无法区分用户是有意选择还是无意掠过，也是需要解决的重要内容。

参考文献

[1] 赵争强．设计观念与设计思维对工业设计教育之意义［J］．设计，2021，34（23）：132－135.

[2] 张昀，赵荣椿，赵歆波，等．视线跟踪技术的 2D 和 3D 方法综述［C］//第十三届全国信号处理学术年会（CCSP－2007）论文集，2007：223－229.

[3] 刘佳惠，迟健男，尹怡欣．基于特征的视线跟踪方法研究综述［J］．自动化学报，2021，47（02）：252－277. DOI：10. 16383/j. aas. c180844.

[4] Duchowski A T. A breadth－first survey of eye－tracking applications［J］. Behavior Research Methods，Instruments，& Computers，2002，34（4）：455－470.

[5] 魏子晗，李兴珊．决策过程的追踪：基于眼动的证据［J］．心理科学进展，2015，23（12）：2029－2041.

[6] 王宁．基于眼动技术的 CMF 体验度量研究［D］．广州：广东工业大学，2020.

[7] Wu B，Nishimura S，Zhu Y，et al. Experiment design and analysis of cross－cultural variation in color preferences using eye－tracking［C］//Advanced Multimedia and Ubiquitous Engineering. Springer，Singapore，2019：44－49.

[8] 周廷，刘洪海．基于眼动实验的传统家具造型设计［J］．林业和草原机械，2021，2（03）：28－32. DOI：10. 13594/j. cnki. mcjgjx. 2021. 03. 005.

[9] Rojas－López J C，Contero M，Guixeres J，et al. Evaluating product percep-

tion using eye - tracking and semantic scales: comparing real and virtual representations [C]//Proceedings of the Colors of Care: The 9th International Conference on Design & Emotion. 2014: 245 - 249.

[10] 苏建宁，邱凯，张书涛，等. 基于眼动数据的产品造型设计要素评价方法研究 [J]. 机械设计，2017，34 (10): 124 - 128.

[11] Ye J, Cheng J, Xi L, et al. Using Eye Tracking Technology to Evaluate New Chinese Furniture Material Design [C]//International Conference on Human - Computer Interaction. Springer, Cham, 2015: 450 - 455.

[12] Lin L, Guo G, Xu N. User - perceived styling experience of smart vehicles: a method to combine eye tracking with semantic differences [J]. IET Intelligent Transport Systems, 2019, 13 (1): 72 - 78.

[13] 李赛赛，邱越，孙博文，等. 基于眼动跟踪技术的婴儿车色彩设计研究 [J]. 艺术与设计（理论），2019，2 (4): 103 - 105.

[14] 林鹭. 基于眼动追踪技术的用户感知差异研究 [D]. 成都：四川大学，2021.

[15] 聂康. 语义感知在 SUV 外观造型设计中的应用研究 [D]. 西安：西安工程大学，2019. DOI: 10. 27390/d. cnki. gxbfc. 2019. 000114.

[16] 卢兆麟，李升波，徐少兵，等. 面向汽车造型的用户视觉模式识别比较 [J]. 计算机集成制造系统，2015，21 (07): 1711 - 1718. DOI: 10. 13196/j. cims. 2015. 07. 005.

[17] 卢兆麟，李升波，徐少兵，等. 基于眼动跟踪特征的汽车造型评价方法 [J]. 清华大学学报（自然科学版），2015，55 (7): 775 - 781.

[18] 李运，郭钢. 基于多项眼动数据的产品造型方案评选模型 [J]. 计算机集成制造系统，2016，22 (3): 658 - 665.

[19] 钟奇，裴学胜，郭钢，等. 基于多项眼动数据的拖拉机造型设计评选模型 [J]. 包装工程，2018，39 (08): 166 - 169. DOI: 10. 19554/j. cnki. 1001 - 3563. 2018. 08. 033.

[20] Li W, Wang L, Wang L, et al. A model based on eye movement data and

artificial neutral network for product styling evaluation [C]//2018 24th International Conference on Automation and Computing (ICAC). IEEE, 2018: 1－6.

[21] 卢国英，侯冠华. 基于眼动追踪的工程车辆造型设计用户体验预测模型 [J]. 机械设计，2017，34 (08)：107－111. DOI：10.13841/j. cnki. jxsj. 2017. 08. 019.

[22] 朱叶骏，吴剑锋，高凌云，等. 基于眼动技术的牡丹纹样意象元素识别方法研究 [J]. 包装工程，2021，42 (12)：208－214. DOI：10. 19554/j. cnki. 1001－3563. 2021. 12. 028.

[23] 张嘉楠. 基于眼动实验的畲族服饰特征提取与识别研究 [D]. 杭州：浙江理工大学，2015.

[24] 闫龙华. 眼动技术在苗族服饰纹样评价中的应用研究及创新设计 [D]. 贵阳：贵州大学，2017.

[25] Yi T, Chang M, Hong S, et al. Use of Eye－tracking in Artworks to Understand Information Needs of Visitors [J]. International Journal of Human－Computer Interaction, 2021, 37 (3): 220－233.

[26] 刘小艺，赵欲晓，王昕彤，等. 针织服装方格图案大小的关注度与感性评价研究 [J]. 毛纺科技，2019，47 (12)：41－44.

[27] 尚丽华，赵欲晓，任海东，等. 基于眼动仪的基础 A 形裙波点图视觉评价研究 [J]. 北京服装学院学报（自然科学版），2020，40 (2)：69－75.

[28] 贾双，章依凌. 基于眼动仪试验的针织服装图案部位量态设计 [J]. 针织工业，2018，(4)：57－60.

[29] 曹桢，苏兆伟，韦玉辉. 眼动跟踪技术在中老年针织衫图案设计中的应用研究 [J]. 毛纺科技，2019，47 (6)：71－74.

[30] Chen J J, Li Y, Wang X G. Research on the design factors of H－shaped women's trousers based on eye－tracking technology [C]//Journal of Physics: Conference Series. IOP Publishing, 2021, 1848 (1): 012150.

[31] 张乐敏，张若曦，殷彪，等．基于眼动跟踪的商业化历史街道风貌感知研究——以厦门沙坡尾骑楼街为例［J］．城市建筑，2021，18（16）：111－118＋148. DOI：10. 19892/j. cnki. csjz. 2021. 16. 25.

[32] 张志涛．住区室外空间景观视觉感受评价实验研究［D］．石家庄：河北工业大学，2020.

[33] 董皓．基于眼动分析的装饰文字再设计［D］．武汉：中南林业科技大学，2021. DOI：10. 27662/d. cnki. gznlc. 2021. 000332.

[34] 罗来曦，朱渔．面向虚拟现实头盔的眼动跟踪技术探析［J］．无线互联科技，2021，18（20）：58－59.

[35] 熊小峰．面向虚拟现实头盔的眼动跟踪系统研究［D］．成都：电子科技大学，2017.

[36] 岳敬伟，贺浩宸，李春永．基于眼动跟踪的虚拟现实交互方法及装置［P］．北京市：CN110502100B，2020－09－29.

[37] 张乐敏，张若曦，曾子辕，等．一种基于 VR 结合眼动跟踪的城市风貌特征识别的方法［P］．福建省：CN110070624A，2019－07－30.

[38] Dmytro Katrychuk，Henry K Griffith，OlegV Komogortsev. Power－efficientn and shift－robust eye－tracking sensor for portable VR headsets［P］. Eye Tracking Research&Applications，2019.

[39] Yan W，Vongphantuset J. Application of Virtual Reality Combined with Eye Tracking Technology for Design Flows［C］. 2020 International Conference on Big Data and Informatization Education（ICBDIE）. IEEE，2020：449－452.

[40] Tian P，Wang Y，Lu Y，et al. Behavior analysis of indoor escape route－finding based on head－mounted vr and eye tracking［C］//2019 International Conference on Internet of Things（iThings）and IEEE Green Computing and Communications（GreenCom）and IEEE Cyber，Physical and Social Computing（CPSCom）and IEEE Smart Data（SmartData）. IEEE，2019：422－427.

[41] 杨瑞. 人机交互中视线跟踪技术的研究 [D]. 西安：西安电子科技大学，2015.

[42] 杨庆华，张达磊，荀一，等. 面向人机交互的眼动跟踪方法研究 [J]. 机电工程，2016，33 (07)：904 - 908.

[43] Fabian Göbel, Peter Kiefer, Martin Raubal. FeaturEyeTrack: automatic matching of eye tracking data with map features on interactive maps [J]. GeoInformatica, 2019, 23 (4).

[44] Fang Zhi - Gang, Kong Xiang - Zong, Xu Jie. Design of Eye Movement Interactive Interface and Example Development [J]. Information Technology Journal, 2013, 12 (10): 1981 - 1987.

[45] 王鹏，陈园园，邵明磊，等. 基于眼动跟踪的智能家居控制器 [J]. 电机与控制学报，2020，24 (05)：151 - 160.

[46] Tantisatirapong S, Phothisonothai M. Design of User - Friendly Virtual Thai Keyboard Based on Eye - Tracking Controlled System [C]//2018 18th International Symposium on Communications and Information Technologies (ISCIT). IEEE, 2018: 359 - 362.

[47] Bissoli A, Lavino - Junior D, Sime M. A Human - Machine Interface Based on Eye Tracking for Controlling and Monitoring a Smart Home Using the Internet of Things [J]. Sensors, MDPI AG, 2019, 19 (4): 859.

[48] Shan H, Wang X, Tian M, et al. Optimal Design of Massage Chair Interface Based on Eye Tracking Technology [C]//2020 IEEE 7th International Conference on Industrial Engineering and Applications (ICIEA). IEEE, 2020.

[49] Wang Y, Gu B, Guo X, et al. Validation of Ergonomics Evaluation Method Based on Eye Tracking Technology in Unmanned Aerial System [J]. Man - Machine - Environment System Engineering, 2020.

[50] Clark J W, Stephane L. Affordable Eye Tracking for Informed Web Design [C]//International Conference of Design, User Experience, and Usability.

Springer, Cham, 2018.

[51] 卢纯福，胡明艳，唐智川，等．跑步机人机界面可用性评估及再设计研究［J］．包装工程，2017，38（22）：1－5.

[52] İlhan A E. Eye－Tracking to Enhance Usability: A Race Game［C］//Proceedings of SAI Intelligent Systems Conference. Springer, Cham, 2018: 201－214.

[53] Wu Y, Cheng J, Kang X. Study of smart watch interface usability evaluation based on eye－tracking［C］//International conference of design, user experience, and usability. Springer, Cham, 2016: 98－10.

[54] 李磊，王文涛，施云航，等．基于眼动实验的情绪对驾驶员注意力的影响［J］．西安科技大学学报，2021，41（01）：70－74. DOI: 10.13800/j.cnki.xakjdxxb.2021.0110.

[55] Pasupa K, Chatkamjuncharoen P, Wuttilertdeshar C, et al. Using image features and eye tracking device to predict human emotions towards abstract images［C］//Image and Video Technology. Springer, Cham, 2015: 419－430.

[56] Yang M, Lin L, Milekic S. Affective image classification based on user eye movement and EEG experience information［J］. Interacting with Computers, 2018, 30（5）: 417－432.

[57] Liu Y, Li F, Tang L H, et al. Detection of humanoid robot design preferences using EEG and eye tracker［C］//2019 International Conference on Cyberworlds（CW）. IEEE, 2019: 219－224.

[58] 陆怡菲．基于脑电信号和眼动信号融合的多模态情绪识别研究［D］．上海：上海交通大学，2017.

[59] 欧阳天雄．基于脑电信号的情感识别方法研究［D］．北京：北京邮电大学，2021. DOI: 10.26969/d.cnki.gbydu.2021.001920.

[60] 平正强，吕健，潘伟杰，等．移动终端用户交互行为的情感预测方法研究［J］．图学学报，2016，37（06）：765－770.

[61] Guo F, Ding Y, Liu W, et al. Can eye - tracking data be measured to assess product design?: Visual attention mechanism should be considered [J]. International Journal of Industrial Ergonomics, 2016, 53: 229 - 235.

[62] Ermes V, Janß A, Radermacher K, et al. Analyzing the benefits of integrative multi - dimensional assessments of usability features in interaction - centered user studies [C]//Proceedings of the 8th International Conference on Pervasive Computing Technologies for Healthcare. 2014: 227 - 230.

[63] 田少煦，申品品，郭昱竹. 基于眼动跟踪技术的色彩情感研究 [J]. 现代传播（中国传媒大学学报），2015，37（6）：70 - 76.

[64] 卢万譞. 基于眼动跟踪的网络搜索行为分析与预测 [D]. 北京：北京理工大学，2015.

[65] Slanzi G, Balazs J A, Velásquez J D. Combining eye tracking, pupil dilation and EEG analysis for predicting web users click intention [J]. Information Fusion, 2017, 35: 51 - 57.

[66] Khan S S, Liu H. Exploring the Impact on User Information Search Behaviour of Affective Design: An Eye - Tracking Study [C]//BIRDS@ SIGIR. 2020: 55 - 69.

[67] Strzelecki A. Eye - tracking studies of web search engines: A systematic literature review [J]. Information, 2020, 11 (6): 300.

[68] 许洁，王豪龙. 阅读行为眼动跟踪研究综述 [J]. 出版科学，2020，28（02）：52 - 66. DOI：10. 13363/j. publishingjournal. 2020. 02. 009.

[69] 李夏青，康志峰. 基于眼动实验的语素点位与带稿同传绩效贯连探析 [J]. 外语教学，2021，42（6）：96 - 101.

[70] 察晓磊. 眼动跟踪技术研究及其在驾驶环境中的实现 [D]. 济南：济南大学，2020.

[71] 秦立鹏. 基于眼动信息与驾驶行为特征的疲劳驾驶检测方法研究 [D]. 西安：西安建筑科技大学，2018.

[72] Akshay S, Abhishek M B, Sudhanshu D, et al. Drowsy Driver Detection u-

sing Eye – Tracking through Machine Learning [C]//2021 Second International Conference on Electronics and Sustainable Communication Systems (ICESC). IEEE, 2021: 1916 – 1923.

[73] Babić D, Babić D, Fiolić M, et al. Factors affecting pedestrian conspicuity at night: analysis based on driver eye tracking [J]. Safety Science, 2021, 139: 105257.

[74] Ma S, Yan X. Examining the efficacy of improved traffic signs and markings at flashing – light – controlled grade crossings based on driving simulation and eye tracking systems [J]. Transportation Research Part F: Traffic Psychology and Behaviour, 2021, 81: 173 – 189.

第 3 章 CHAPTER

基于跨文化视角研究的汽车造型视觉模式识别

3.1 跨文化视角研究概述

3.1.1 跨文化视角研究背景与意义

信息技术革命到来之后，全球化趋势不断发展，信息的高速传播降低了多元文化传播的门槛，随着国家开放政策不断提高，文化交流日益频繁。根据联合国教科文组织的定义，跨文化是“关于不同文化的知识和理解，以及在一国内部各种文化成分之间和世界各国不同文化之间建立积极的交流、相互充实的关系”。社会迅速发展的语境下，跨文化的内涵也在不断扩大，在跨文化视角下应以包容的态度去看待不同文化之间的文化差异现象，既要横向对比分析不同文化在同一时段间的特点，同时也需要在纵向的维度上去探讨与分析特定文化表达与呈现背后所展现的文化意象符号、造型演变趋势，并探讨其中所蕴含的思想观念、行为方式，进一步挖掘深层次文化内涵。通过跨文化视角进行比较研究，可以推动在环境不断变化、文化不断碰撞与融合的过程中形成多维全面的系统设计认知所体现的重要性，并且进一步在设计方法研究与设计实践表达中突破表层设计障碍，赋予设计更深刻的文化内涵与意义。

3.1.2 跨文化比较研究历史脉络

针对文化探析、民族文脉的研究在过去数十年中已经有了极大的发展，逐步成为“民族性的现代设计”。设计学因其多学科交叉的特性让跨文化研究与其产生重要关联，通过跨文化比较视角进行设计研究，可以帮助不同种类、区域的文化进行生动表达与传播，在文化碰撞的趋势下寻求“文化认同”。

在过去20年中，越来越多的研究表明，在个人处理信息和对周围世界进行理性思考的方式上，存在着系统性的跨文化差异。通过进行跨文化心理学研究，通过分析文化群体的生活习惯、民俗风情、情感需求等差异，进而可以充分体现人本设计观的价值。何平等评述了跨文化研究的几个新领域：对“他者”的研究，对宗教的跨文化研究，对科技知识跨文化扩散的研究，对商品、物种、人员和思想跨区域交流的影响的研究等；周宪等反思比较了文学原有构建方式，从相关学科的跨文化研究中寻找新的方法论资源，由此实现从比较文学向跨文化研究的转变。

跨文化间的差异出现在不同的深度层次上，包括符号、英雄、仪式和价值观。符号是指代表某种文化蕴含意义的对象，如不同民族的服饰穿着打扮代表了民族的文化特征；英雄是指其行为影响与塑造了他人的行为，如历史名人，也可以是影视作品中的英雄角色；仪式是指某种文化中所传承的必不可少的活动，包括商业或政党会议、宗教仪式，甚至是日常交流习俗；价值观是指文化的核心，价值观是对某种情况的积极或消极感受恶与善、丑与美、不自然与自然、禁令与许可。

根据 Hofstede 的说法，文化是一种“将一个人类群体的成员与另一个人类群体区分开来的集体思维程序”。在他的研究中，Hofstede 确定了 5 个跨文化研究核心层面（the keydimensions），这些维度可以用来从国家或区域的文化层面进行区分，即个体主义（Individualism）、集体主义（Collectivism）、权力距离（Power Distance）、不确定性的规避（Uncertainty Avoidance）、男性特质和女性特质的长期导向（Masculinity and Femininity）等。

尽管 Hofstede 的文化价值层次理论是重要的，但是一些研究对他的研究提出了批评：Baskerville 批评 Hofstede 的理论在将民族与文化进行联结时试图量化文化时的困难和局限性。Baskerville 还对 Hofstede 的研究的时代局限性表示质疑。其他批评者提到该理论缺乏世界上重要地区的研究数据，如前东部街区。部分学者认为来自公司员工的样本并不能代表一个国家的文化。Kongsompong 等提出了一个国家间文化差异的例子，其中报告了中国、泰国和印度之间的文化差异。文章认为，集体主义国家中的社会影响更强，人民更以民族为中心。

费孝通等翻译的《文化论》中，以金字塔模型将文化分成了三个层次：①器物层，包括人们日常生产、生活所用到的一系列工具。器物层处于金字塔最顶端，最不稳定也最易改变。②组织层，包括人们在社会中的各种组织形式、生活方式和行为习惯。组织层是中间层，承上启下，使文化的三个层次相互关联成为一个整体。③观念层，包括社会人所具有的价值观念以及行为选择标准。观念层在文化三层次中最为稳定，是不同文化群体划分的基础。Leong 和 Clark 提出研究文化框架和整合的设计理论，将文化空间层次分为三个：外在形态层次、中间行为层次和内在心理层次，外在层面主要包括形态、物质等；中间层面包括行为习惯、生活习俗等；内在层面包括涵义、意识、精神等。将两者对应，如图 3 - 1 所示，这三个文化层次不可分割，是一个有机整体。

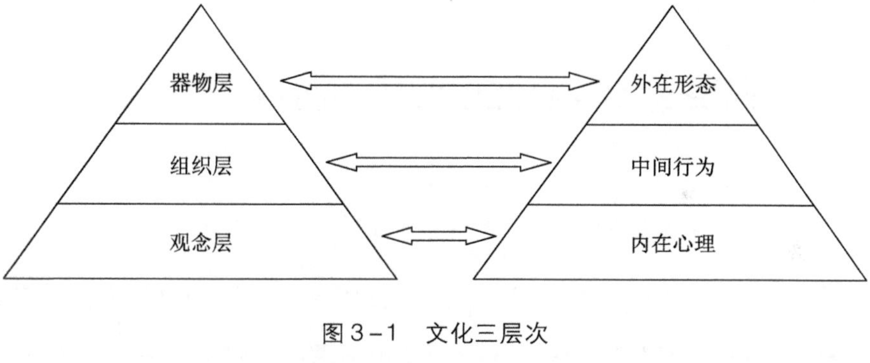

图 3-1　文化三层次

而跨文化研究的重点与领域即是从上述三个层次出发，由表及里，探寻众多文化中的差异与共通之处。林荣泰在此基础上进行完善，将文化层次从形态、行为、精神三个角度出发，提出文化产品的具体属性，如图 3 - 2 所示。根据文化特色进行的文化产品设计思考过程进行可视化呈现，由此从跨文化视角进行比较分析，进而进行多元视角认知，并进一步指导设计学方法研究。

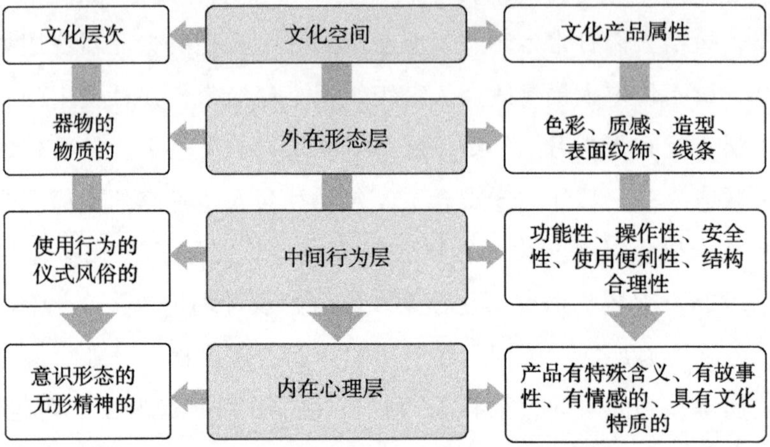

图 3-2 文化元素转换产品设计的属性层次

3.2 跨文化比较研究中的认知问题

3.2.1 跨文化比较研究中的认知风格呈现

不同文化群体的成员以不同的方式对日常环境进行认知与理解，因此存在着不同的认知模式与风格。在过去的 30 年里，文献研究表明，在人们如何看待自己和理解周围的世界方面存在着系统的文化差异。将这些不同模式置于跨文化比较的广泛背景中，可对跨文化背景中的认知风格有更细致了解。

自身在本质上更加独立和更具个人主义的人更有可能将行为归于个人的思维，而不够独立或集体主义的人将行为归于情境。自我构建的这些差异反过来反映在个人的行为理论中，包括：①处置主义，即当一个行为被认为是人格特质的原因时；②情境主义，即当一个行为被认为是情境的结果，并假设任何人在相同的情况下都会做出类似的反应时；③两者的混合体，即互动主义，认为一个人的行为可能是特质和情境的综合结果。这些自我构建和行为理论的差异在跨文化的比较中呈现。西方社会崇尚个人主义，因此持有独立的自我结构，倾向于持有处置主义的行为理论；而东亚社会则崇尚集体主义，持有相互依赖的自我结构，倾向于持有更多的情境主义行为理论。表 3-1 展示了东西方区域行为特征与文化认知风格的差异，以及跨文化交流场景中所体现的认知风格特征。

表 3-1　区域行为特征与文化认知风格

区域	东方社会文化	西方社会文化	跨文化交流文化场景
个人行为理论	情境主义	处置主义	互动主义
人与群体的关系	集体主义	个人主义	

实证研究表明，相对于西方人，东亚人会更多注意到能够解释行为的情境线索；中国的参与者更有可能将行为归因于情境而不是他们的性情。这些归因上的文化差异是自发产生的，是自动进化过程的产物。

早期的心理学理论主要假设存在普遍的判断过程，以说明个人如何解释身体表现和社会事件的原因。然而，人种学研究强调，许多非西方文化的成员倾向于将情境、背景和时间用作解释行为的关键因素。与人种学研究相一致，随后的研究发现，印度人和东亚人在解释物理和社会事件中，有关动画物体和实际人的行为时，通常更依赖情境因素，而较少依赖倾向性特征。Morris 和 Peng 曾论证，东方文化中对情境的强调与西方文化中对处置性的强调反映了人们在理解世界时所依赖的基本隐含理论的不同。与西方盛行的个人主义相比，东方文化更倾向于集体主义。因此，这种文化的成员倾向于较少强调个人以及他人的处置性，而更强调他们在环境中的其他特征。

3.2.2　跨文化比较研究中的认知决策差异

尽管一致认为东亚人以整体、语境、情境的方式推理，而欧洲裔美国人以焦点、性格、抽象和基于规则的方式推理。两组群体在实际判断和决策偏差方面是否也存在系统差异尚未知晓。即经典的认知偏差：基本归因错误（FAE）。社会认知中最基本的挑战之一是个人如何准确和系统地识别另一个人行为目的的问题。众所周知，在西方主流心理学中，人们经常低估决策行为中情境的力量。从一开始，研究人员就一直假设这种偏见，通常也称为“对应偏见”。与这个想法一致，Heider 曾提出的理论和实证研究提出这种归因偏差是基础感知过程的产物，可以自发生成。然而，与西方人认为行为主要反映性格的强烈倾向相反，东方文化中不应该表现出这种对应偏差。这些对性格倾向偏好的差异已被用来解释对应偏差的文化差异。

其他研究也发现了相关偏见中不一致的文化差异，即最终归因错误（UAE）。作为基本归因错误（FAE）的延伸，假定人们系统地将积极的内部群体行为归因于性格，而将消极的内部群体行为归因于情境，对于外部群体，反之亦然。

3.3 跨文化比较研究中的具体问题与方法

3.3.1 跨文化比较研究中因果关系验证问题

来自不同文化背景下的个体在认知、态度、信念和价值观等方面存在很多差异。跨文化比较研究通常在两个及以上的文化之间某个变量的水平或者是变量之间关系进行比较，并将文化作为一个自变量来分析文化效应。跨文化研究需要将文化作为自变量来解释因变量上的变异，但由于研究者无法通过随机分组的方法来进行操纵、排除可能的混淆变量的影响，跨文化研究只能被视为准实验研究，其内在效度低于严格的实验研究，难以有力地论证文化与效应之间的因果关系。

来自因果关系的推论要满足三个条件：①原因发生于结果之前；②原因和结果存在稳定的关系；③对于结果的发生，除了这个原因以外没有其他替代性解释。在跨文化研究中，由于个体通常是生活于某个文化中，所以很难说文化作为自变量是发生在结果变量之前。但是，根据 Cook 和 Campbell 提出的即时效应（Instantaneous Effect），原因所导致的结果可能是同时发生的，因此对于第一个条件，研究者只需要证明自变量的变化导致相应的因变量变化。因果关系的最大的难点在于要排除文化以外的其他可能的替代原因对结果的解释。但是，由于文化一般只是导致某个现象的其中一个条件而已，通常都不是导致结果的充分及必要条件，因此跨文化研究的因果推论的最大难题就是如何排除混淆变量对结果的解释。

3.3.2　跨文化比较研究中汇聚方法及其类型

在其他一些学科，研究者同样也面临不能进行严格实验研究的难题。在进化心理学中，Caporael 提出研究者可以借用进化生物学家提出的汇聚归纳方法。没有单一证据可以证明自然选择理论，但是不同来源的众多证据的汇集排除了许多替代解释，从而使这一理论难以被质疑。通过“汇聚”的多方面的证据将大大加强研究结果对所论证关系的说服力，弥补跨文化比较研究本身存在的一些固有的不足。下列对汇聚方法的分析源自 Leung 和 Van de Vijver：①多重情景的汇聚（Contextual Consilience），收集多个不同文化情景或文化群体的数据，如果这些结果都与理论预期吻合，则为所论证的关系提供了有力的支持；②多重方法的汇聚（Methodological Consilience），使用多种方法，如调查法、实验法、纵向研究等方法，来验证某个研究假设，考察这些不同方法是否得到相同的结论；③多种预测的汇聚（Predictive Consilience），指从该因果关系理论中推导出一些预期假设，如果这些假设都得到验证，那就大大增强了对这个因果关系的确信程度；④排他的汇聚（Exclusive Consilience），指除研究者所论证的因果假设以外，研究者提供证据排除其他多种替代性假设可以解释观测到的结果的可能性。

在跨文化比较研究设计中，研究者可以采取一些具体的研究策略来强化研究结果对所论证研究假设的说服力，这些策略可以被归为三类，如图 3－3 所示。

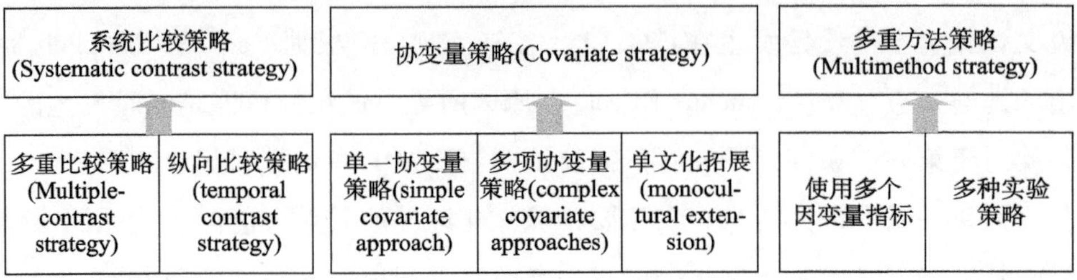

图 3-3　跨文化比较研究中汇聚方法的应用策略

3.3.3　跨文化比较研究中的视觉模式识别

3.3.3.1　品牌形象基因特征生成与识别

品牌和产品的视觉识别已成为各种产品类别市场中的核心竞争因素，公司开发的产品不仅设计要有吸引力，而且要有独特的品牌形象特征，建立深入人心的品牌视觉形象需要分析品牌文化以及其中所蕴含的品牌基因，进而归纳品牌形象特征，设计出醒目的品牌视觉形象识别方案。

品牌基因是品牌的产生、成长和持续发展的基本要素，是承载着品牌要素的 DNA，品牌基因的生成则为品牌视觉形象的诞生建立基础，出色的品牌基因可形成独特品牌视觉识别特征。品牌基因可赋予品牌独特的力量，呈现出类似人格特质的品牌特性。杨保军提出品牌基因是产品信息与品牌文化的集合，是品牌的核心价值，规定了品牌结构的基本特征及其自动生成的机制，在适合的外界环境条件下，自动生成特定品牌。品牌基因是品牌的精髓和最核心且不具时间性的要素，体现了品牌最有价值的部分。通过品牌基因可以使产品让大众群体在众多商品中被快速识别。

建立品牌视觉形象后，企业稳定发展同样离不开对品牌文化的探索与品牌基因体系的建设，部分文献对具有稳定的产品品牌基因体系的企业进行品牌基因创新研究：McCormack 和 Cagan 基于形状文法对别克汽车前脸造型开展了生成设计，目的是使其在满足特定审美风格和品牌意象的前提下，生成新的别克汽车前脸造型；Lee 等提出了以交互式进化参数形状文法生成具有连续性风格产品造型的方法，并以相机设计为例验证了该方法的有效性。Ang 等为了能够满足特定设计需求，结合形状文法和遗传算法的优点，建立了一套能对形态进行演化和优选的原型系统，并以可口可乐瓶为例验证了该方法的可行性；缪琳等引入产品族群的概念，研究了美国苹果公司系列产品的设计直观的符号元素，分析了产品族中基因的遗传和变异，并初步总结了产品基因的提取方法；王伟伟等基于形状文法对产品形态进行创新设计，如图 3-4 所示；杨延璞等对泛族群产品形态设计等进行了研究和实践应用。

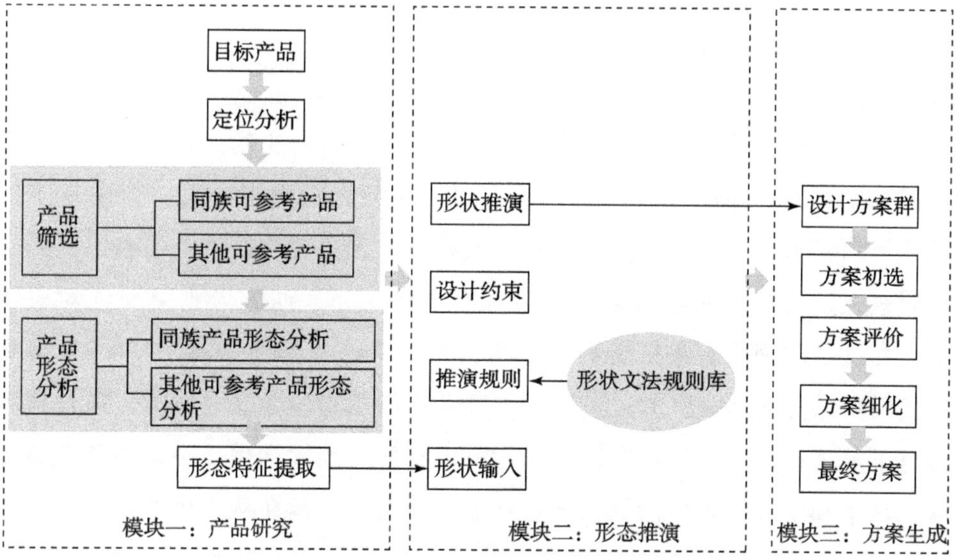

图 3-4　基于形状文法的产品形态设计推理模型

3.3.3.2　区域文化视觉形象识别

区域文化间的差异作为不同文化群体之间的一种关系，在经济全球化不断加剧的当下，日渐受到更多关注，跨地区、跨国别、跨民族的交流与合作不断加强，不同文化之间的互动渐趋频繁。如何识别文化视觉形象这一表达区域文化最直观的方式，成为跨文化比较研究的热点问题。

特定文化具有其独特的视觉形象，分析其视觉表现下内部蕴含的文化基因与文化演变历程，是识别文化视觉形象并进一步指导设计研究的重点问题。姚桂丹等基于妈祖文化的视角，探究妈祖文化与表情符号设计融合的可能性，打造表情文化产业链，为表情符号的设计开发提供更多的机遇，推动了妈祖文化的对外传播；苟秉宸针对半坡彩陶文化，基于遗传理论提取半坡彩陶文化基因，将基因工程原理引入设计过程；周建等通过研究 Hofstede 文化价值层次理论，从产品造型设计概念入手，以文化普适性的 5 个价值维度对中国文化下的产品造型进行理性分析，最后提出了跨文化理论导入产品造型设计的具体措施；何人可等以长沙窑古陶瓷的跨文化设计演变为主题，分析其整体特征，并对演变过程中不同文化之间的关系等问题进行综合考察，为当代全球化的跨文化产品设计提供了借鉴。

通过不同区域文化间的比较研究，可以减少研究变量，有针对性地提取关键文化要素，并进一步归纳跨文化间的视觉形象识别方式。Masuda 等以日本人和美国人为样本，揭示了东亚人和西方人在视觉模式上的差异，结果表明东亚人较为关注场景以及场景和对象的关系，西方人则更关注对象本身，并且倾向于将对象从场景中剥离出来；Dong Ying 等提出用户网页视觉模式识别差异的假设，并以美国、韩国和中国用户作为研究样本，通过实验进行了验证；何虎等运用眼动技术对蒙古国蒙古族大学生、中国内蒙古蒙古族大学生和汉族大学生的场景知觉特点进行对比，旨在从文化差异与文化融合的角度探讨文化对认知的作用。结果表明，文化差异影响个体的认知，文化融合会对认知产生建构作用，并具有一定动态性。

归纳跨文化比较研究文献，并分析区域文化视觉形象识别相关研究，可得出如图 3 – 5 所示的区域文化视觉形象模式识别的研究过程。

3.3.3.3 面向用户认知的产品造型识别

Nissbett 为代表的学者针对个体认知行为提出了推理风格差异，指出不同用户群体对汽车外观造型的感性意象受视觉模式识别的影响很大。汽车作为实体产品中造型最直观的样本，成为众多产品造型设计的突出代表。由此

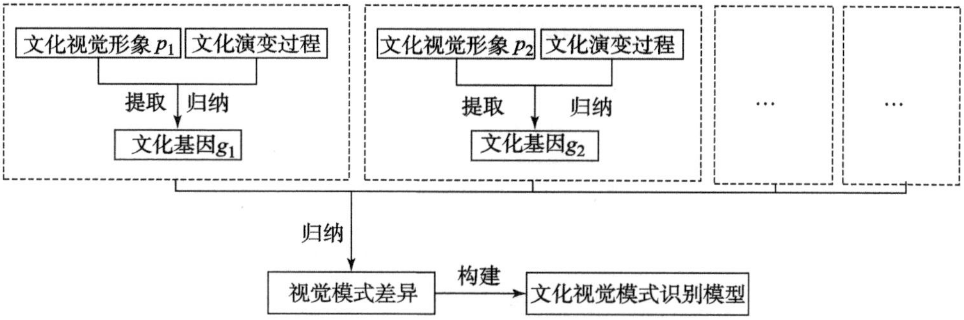

图 3-5　区域文化视觉形象模式识别研究过程

可进一步推断，产品造型设计能否得到用户认可，关键在于其是否符合特定群体的文化特征与规范。

用户意象的提取与转化是进行视觉识别的首要任务，部分研究聚焦于此，通过建立“用户意象-造型”转化模型进而进行视觉模式识别研究。胡伟峰等求出了敏感感性意象形容词与汽车主特征线 E1 的定量关系，并基于遗传算法提出用户期望意象驱动的汽车造型基因进化思想和方法流程；Yadav 等提出以质量功能展开（Quality Function Deployment，QFD）构建模型，将用户感性意向转化为可用的设计数据。

完成从用户意象到造型的转化过程后，针对产品造型建立对应的设计方法与模型成为研究产品造型视觉模式识别的关键任务。DNA 是英文 Deoxyribonucleic acid 的缩写，又称脱氧核糖核酸，是染色体的主要化学成分，同时也是组成基因的材料。基因与基因工程思想也被相关研究者应用到了工业设计领域，出现了“产品设计 DNA”的概念。朱上上等提出支持产品视觉识别的产品族设计 DNA 研究方法，构建出产品族视觉识别设计的层次模型，如图 3-6 所示。以健康磁疗沙发造型设计为例，构建产品族设计 DNA 结构模型和产品族概念设计系统，从而提高开发设计效率，验证了工业设计中支持产品视觉识别的产品族设计 DNA 理论体系；张悦等提出了面向用户认知的汽车前脸造型设计方法，为历史较短的自主汽车企业构建具有特色的汽车前脸造型，进而成为产品家族式脸谱的基础。具体的方法是通过“完形设计、识别特征设计与细节设计”三个步骤构建汽车前脸的识别要素体系。

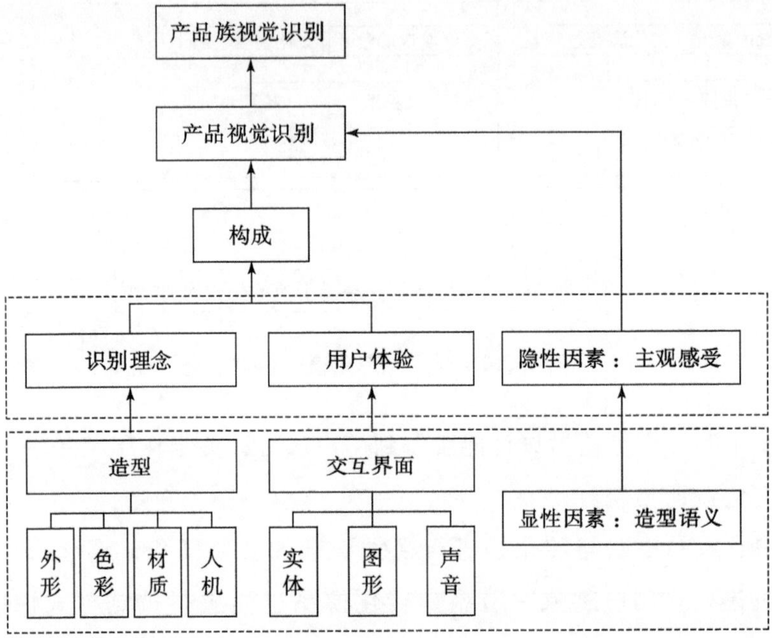

图 3-6 产品族视觉识别设计的层次模型

结合上述学者研究分析，以 Hofstede 文化维度模型的 5 个方面为主，来分析用户认知过程文化价值层面的差异性，通过用户行为研究，将文化维度模型转化为产品设计模型来分析如图 3-7 所示的模型，从而为形成“跨文化比较-用户认知-产品设计导向”的设计方法。

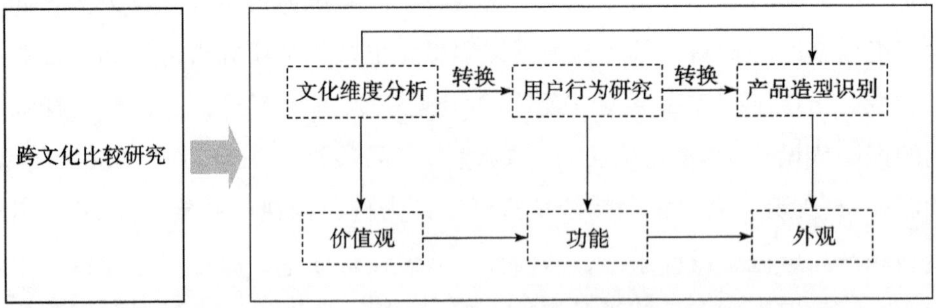

图 3-7 跨文化比较-用户认知-产品设计导向的设计方法

未来跨文化比较研究中可以通过衡量现有研究数据的质量来尝试评估跨文化差异在认知偏见中的程度和一致性，并进而分析跨文化视角下的视觉模式识别真正内部的影响因素，通过造型视觉识别案例对比研究归纳内部文化元素异同，进而形成从内部文化内涵到外部造型视觉识别不断反复验证的研究过程。

3.4　跨文化视角研究下产品造型的视觉模式识别问题

3.4.1　视觉模式识别的跨文化研究

已有研究提出主要的跨文化差异理论模型包括：荷兰学者 Hofstede 的“五维度差异模型”，即权力距离、不确定回避、阳性 - 阴性、个人主义 - 集体主义、时间取向，并据此设计了一份标准量表；美国学者 Hall 提出的“沟通脉络”和“单工 - 多工取向”差异；以及近年来 Nisbett 为代表的学者针对个体认知行为提出的推理风格差异等。

基于上述理论模型，国内外学者对视觉模式的文化差异性进行了实验和分析，特别是针对东、西方族群用户，如 Masuda 等以日本人和美国人为样本，揭示了东亚人与西方人在视觉模式上的差异，结果表明东亚人较为关注场景以及场景与对象的关系，而西方人则更关注对象本身，并且倾向于把对象从场景中剥离出来。Nisbett 等提出，认知机制可以分为“整体性”（Holistic）和“分析性”（Analytic）两种模式，并分别进行了阐述。Ying Dong 等提出了用户网页视觉模式识别差异的假设，并以美国、韩国、中国用户作为研究样本，通过实验进行了验证。上述研究工作多为原理性实验，并不针对特定对象，因而对实际设计的指导作用尚不够充分。本书选取汽车造型为研究样本，对不同用户的视觉模式展开研究。

3.4.2　产品造型视觉模式识别的形式化描述

3.4.2.1　基于 FIT 的形式化描述

在汽车的各部分中，前视正面造型最能够传达汽车的意象与风格信息。

Sonja Windhager 通过眼动跟踪实验，发现人类存在一种“同形同构”的内在心理机制，即：如果外部事物的运动和形状与人的心理或生理特性类同，那么外部事物就会引起人的相应的感情活动。汽车前视正面造型之所以通常被称为“前脸”，就是因为人们习惯性地将它看作一张动物的脸，可以认为汽车前视正面造型的若干元素或成分按一定关系形成了某种固定刺激结构。这里基于 Treisman 的“特征整合理论”（Feature Integration Theory，FIT），对产品造型视觉识别的一般模型进行形式化描述如下。

定义 3.1 设 R 为物体的模式识别，则 R 为一个五元组：

$$R = \{A, P, S, C, K\} \tag{3-1}$$

式中，A 代表预处理，指人的大脑会自发和无意识地将待识别的物体分解成为若干特征，如形体、色彩、态势等；P 代表平行加工，指对特征的单一属性进行总体认知；S 代表序列加工，指在平行加工的基础上，人脑对各重要特征逐一进行深度认知；C 代表特征整合，指人脑将各特征综合在一起，获得整体认知；K 代表先验知识，指人头脑中已存在的知识与经验。

定义 3.2 由定义 3.1，用巴科斯范式（BNF）表示产品造型的视觉模式识别：

$$\langle A \rangle ::= \langle \text{造型特征分解} \rangle \tag{3-2}$$

$$\langle P \rangle ::= \langle \text{造型特征扫视} \rangle \tag{3-3}$$

$$\langle S \rangle ::= \langle \text{造型特征注视} \rangle \tag{3-4}$$

$$\langle C \rangle ::= \langle \text{造型特征捆绑} \rangle \tag{3-5}$$

$$\langle K \rangle ::= \langle \text{长时记忆} \rangle \tag{3-6}$$

定义 3.3 进一步，设 T 为产品造型特征，则其视觉模式识别的信息处理过程描述如下。

造型特征分解：$T \rightarrow \{t_1, t_2, t_3, \cdots, t_n\}$，并且 $t_i \in T$；

造型特征扫视：$\{t_1, t_2, t_3, \cdots, t_n\} \rightarrow \{t_1, t_2, t_3, \cdots, t_n\}$；

造型特征注视：$\{t_1, t_2, t_3, \cdots, t_n\} \rightarrow \{t_m\}$，并且 $1 < m < n$；

造型特征捆绑：$\{t_1, t_2, t_3, \cdots, t_n\} \rightarrow T'$，并且 $T \cap T' \neq \varnothing$。

设 M 为用户头脑中存在的关于产品造型特征长时记忆，F 为识别度，

δ_{min}为用户能够识别汽车的最小值，则

$$F = \frac{T' \cap M}{M} = \delta \geqslant \delta_{min}, \delta_{min} > 0 \qquad (3-7)$$

综上所述，本章提出产品造型视觉模式识别的模型如图 3-8 所示。

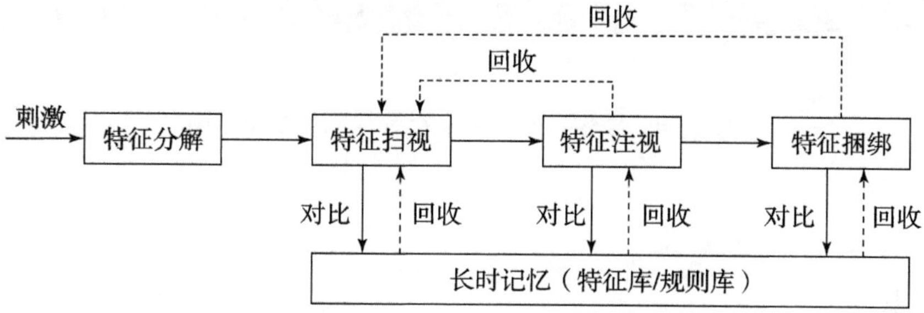

图 3-8　基于 FIT 的产品造型视觉模式识别模型

3.4.2.2　待研究关键问题

基于上述一般模型，针对下列关键问题进行深入探讨。

Q1：跨文化用户群体在产品造型视觉模式识别的具体过程上有何种不同？

Q2：不同用户群体的视觉模式识别是否存在先天性生理差异？

Q3：除了差异性，对于产品造型的视觉模式识别是否存在共性规律；如果存在，具体表现如何？

3.4.3　实例研究

3.4.3.1　实验样本的选取

对于设计师而言，特征线作为点和面的过渡，最适合于设计表达，被普遍用于汽车设计。但对于用户而言，面特征则包含了最丰富的造型信息。而且除了实现造型效果的特征线，车身表面还存在装配所形成的分缝线，如图 3-9 所示。为了避免视觉效果受到分缝线影响，使被试对象获得完整有效的造型信息，因而在实验中将采用汽车实景图片，而非汽车造型特征线图。

(a)

(b)

图3-9 造型特征线与装配分缝线关系示意图

3.4.3.2 实验准备

1. 样本图片处理

基于与某跨国汽车企业的合作项目，选取某型汽车前脸造型作为研究样本。为了避免色彩和车标对实验的影响，将图片处理为灰色模式，并将车标覆盖。分辨率为600dpi，并将汽车前脸造型划分为6个感兴趣区（Area of Interest），分别为：车窗1，后视镜2，发动机盖3，车灯4，进气格栅5，转角6，如图3-10所示。

图3-10 样本感兴趣区划分

1—车窗；2—后视镜；3—发动机盖；4—车灯；5—进气格栅；6—转角

2. 被试者的选择

被试者为随机选取的慕尼黑工业大学师生，共10人，其中德国人5名，中国人5名；男性5名，女性5名；平均年龄26.4岁，矫正后双眼视力良好。实验地点为慕尼黑工业大学人机工程研究所眼动跟踪实验室。

3. 实验设备与调查问卷介绍

（1）使用德国Ergonieers公司生产的Dikablis头戴式眼动跟踪仪进行测试。该眼动跟踪仪为单眼式跟踪模式，以红外摄像头捕捉左眼瞳孔。在测试开始前，对每一位被试者分别进行调校。实验开始后将样本的图片全屏呈现在19英寸（1in = 25.4mm）显示器上，被试者采用坐姿并与显示屏保持平视，相距约90cm左右，如图3-11所示。

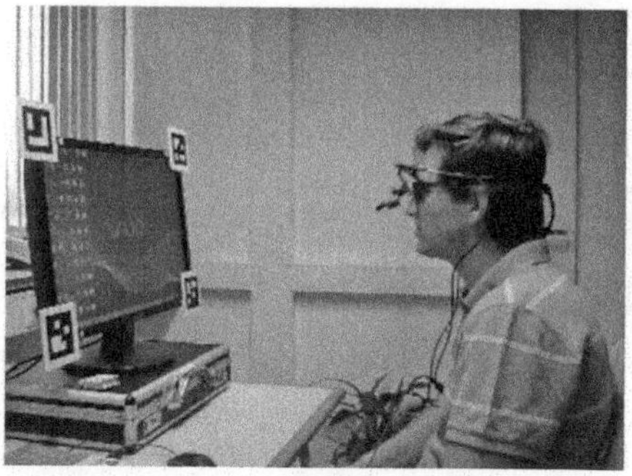
(a)

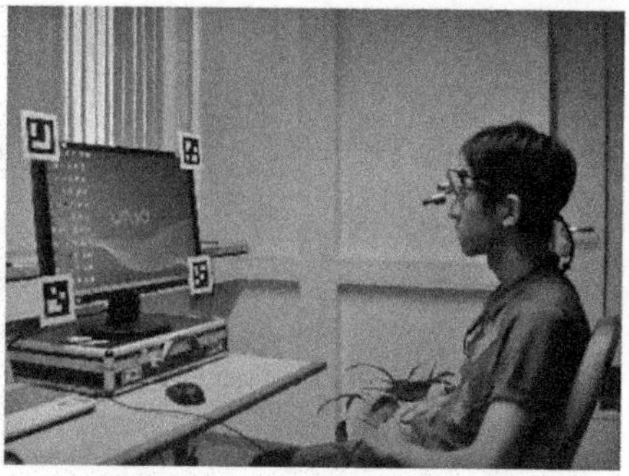
(b)

图3-11　实验装置实拍图片

（2）Likert量表是美国社会心理学家Rensis Likert发明的一种心理反应量表，是目前调查研究中使用最广泛的量表。被试者被要求指出对问题所陈述的认同度，如“强烈同意”“同意”“中”“反对”“强烈反对”。

3.4.3.3　实验过程

（1）眼动跟踪实验。主试人首先向被试者介绍实验的目的和方法后，发出指令，要求被试者在观看样本图片时识别出汽车品牌，时间为15000ms。被试者的眼动跟踪数据将由Dikablis Recorder软件记录和编辑，最后实验结果由 D－Lab 专业软件进行分析。

眼动实验过程模型如图 3－12 所示。

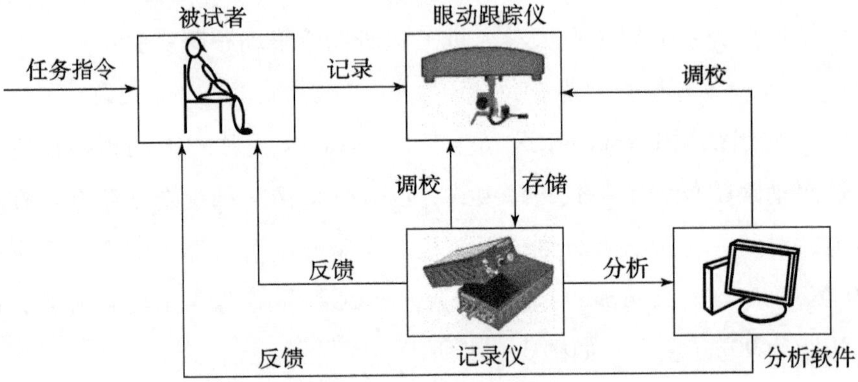

图 3－12　眼动实验过程模型

（2）问卷调查。问题是：“哪一部分最能帮助你认出这辆车的品牌?”除了 6 个感兴趣区域外，另外增加“整体造型”选项，使用 －3（否）~3（是）的 7 点 Likert 量表作答。在测试开始前首先向被试者详细介绍实验目的和方法，实验过程中不对被试者进行任何形式的思维引导和干涉，由各被试者分别独立完成。结果由 SPSS 软件处理。

3.4.4　分析与讨论

3.4.4.1　眼动热点图的特征提取与分析

排除无效数据，共采集到中国被试者 5 名、德国被试者 5 名的有效数据，并由软件分别生成 10 幅眼动跟踪热点图，如图 3－13 和图 3－14 所示。

这里采用灰度直方图特征提取的方法，对眼动热点图进行处理，即

$$H(i) = \frac{n_i}{N},\quad i = 0,1,\cdots,L-1 \tag{3-8}$$

式中，i 表示灰度级；L 表示灰度级种类数（0~255）；n_i 表示图像中具有灰度级 i 的像素的个数；N 表示图像总的像素数。

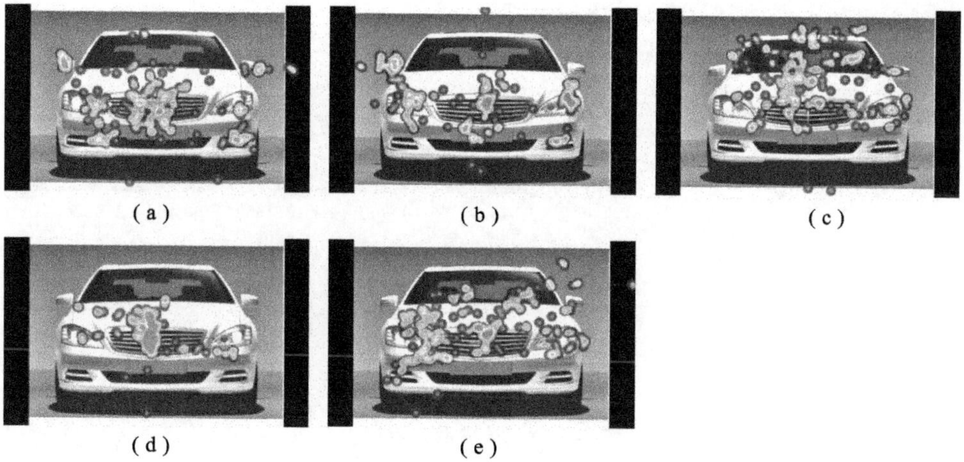

图3-13　中国被试者眼动热点图

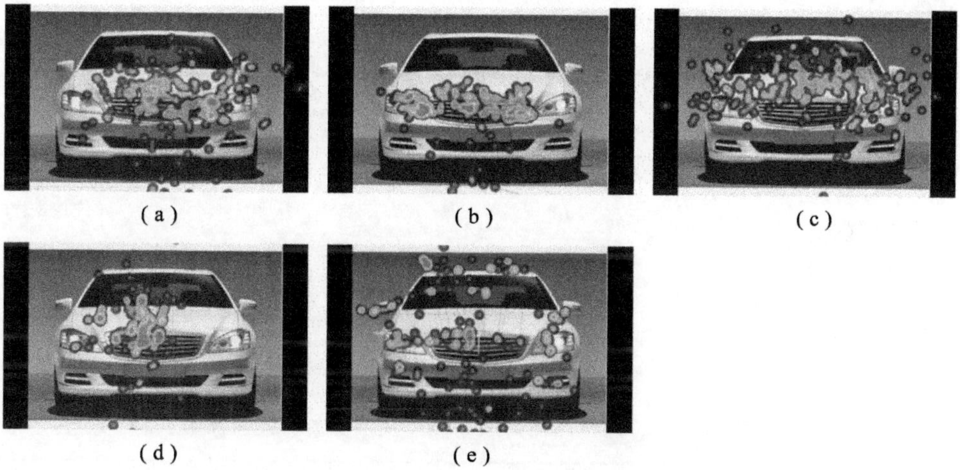

图3-14　德国被试者眼动热点图

以图3-3（e）为例，经上述方法处理后的灰度图及直方图如图3-15所示。

为进一步描述灰度直方图的特征，采用方差和峰态（kurtosis）作为统计指标。方差反映的是一幅图像的灰度在数值上的离散分布情况，计算公式为

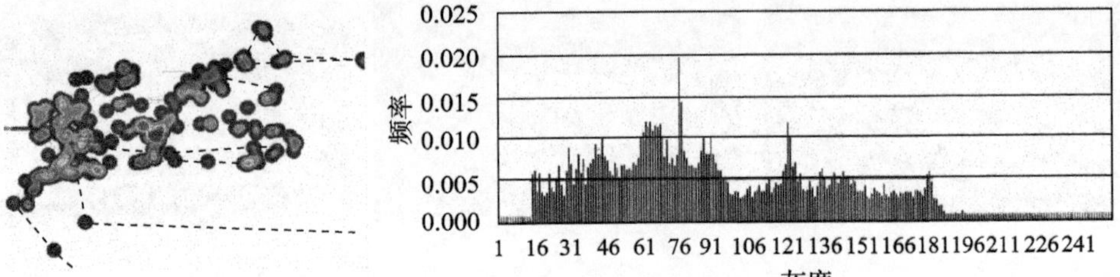

(a) (b)

图 3-15 灰度图及直方图

$$\sigma^2 = \sum_{i=0}^{L-1} (i-\mu)^2 H(i) \tag{3-9}$$

峰态反映的是图像的灰度分布在接近均值时的状态，用以判断图像的灰度分布是否非常集中于平均灰度附近，峰态越小，表示越集中；反之，则越分散，计算公式为

$$\mu_k = \frac{1}{\sigma^4}\sum_{i=0}^{L-1} (i-\mu)^4 H(i) - 3 \tag{3-10}$$

式（3-9）、式（3-10）中的 μ 表示灰度平均值，计算公式为

$$\mu = \sum_{i=0}^{L-1} iH(i) \tag{3-11}$$

由此计算可得到中、德两国用户眼动热点图的方差值与峰态值如表 3-2 和表 3-3 所示。

表 3-2 中、德两国用户眼动热点灰度图的方差值比较

国别	1	2	3	4	5	均值
中国	2244.528	2369.537	2245.221	2262.408	2284.228	2281.184
德国	2034.014	2391.130	2025.710	2642.009	2051.246	2228.822

表3-3　中、德两国用户眼动热点灰度图的峰态值比较

国别	1	2	3	4	5	均值
中国	-0. 61074	-0. 59393	-0. 31887	-0. 59690	-0. 62792	-0. 54967
德国	-0. 16218	-0. 73884	-0. 43564	-0. 43144	0. 191695	-0. 31528

分别对表3-1和表3-2中中、德两国用户眼动热点灰度图的方差值与峰态值进行独立样本T检验，以确定中、德两国用户样本总体数量水平是否存在显著差异性：①眼动热点灰度图方差值T检验。Levene方差齐性检验，$F(1, 8)=15.965$，$P=0.004<0.05$，经检验两个样本方差不相等；在此条件下进一步得到$t=0.415$，$P=0.698>0.05$。②眼动热点灰度图峰态值T检验。Levene方差齐性检验，$F(1, 8)=3.596$，$P=0.094>0.05$，可认为两个样本方差相等；进一步得到$t=-1.407$，$P=0.197>0.05$。

由计算结果可以看出，中、德两国用户眼动热点灰度图的方差值来自不同的正态总体，总体均数并无显著性差异，反映出两国用户眼动热点图灰度在数值上的离散分布情况较为接近；眼动热点灰度图峰态值总体均数比较虽无显著性差异，但是相对于方差值，差异则更大，说明中国用户眼动热点图的灰度更集中于平均灰度附近。综上所述，可知中、德两国用户对样本汽车图片的注视在整体分布上相类似，相比之下中国用户的注视更加均匀。

3.4.4.2　眼动跟踪数据对比分析

本节主要采用四个指标作为判别识别模式的依据，即各感兴趣区总注视时间、各感兴趣区注视次数、各感兴趣区注视频率以及水平眼动指数。经SPSS软件处理后，得到如图3-16所示的结果。

（1）各感兴趣区注视时间比较。从图3-16（a）中可以明显看出，两国用户在格栅区域5中注视时间最长。根据文献研究，较长的注视时间意味着在进行“品牌识别”这一任务时，这一区域具有特别吸引力。德国用户在位于视觉中心区域的车窗1、发动机盖3、进气格栅5，其总注视时间均高于中国用户；而在位于视觉中心两侧的后视镜2、车灯4、转角区6，总注视

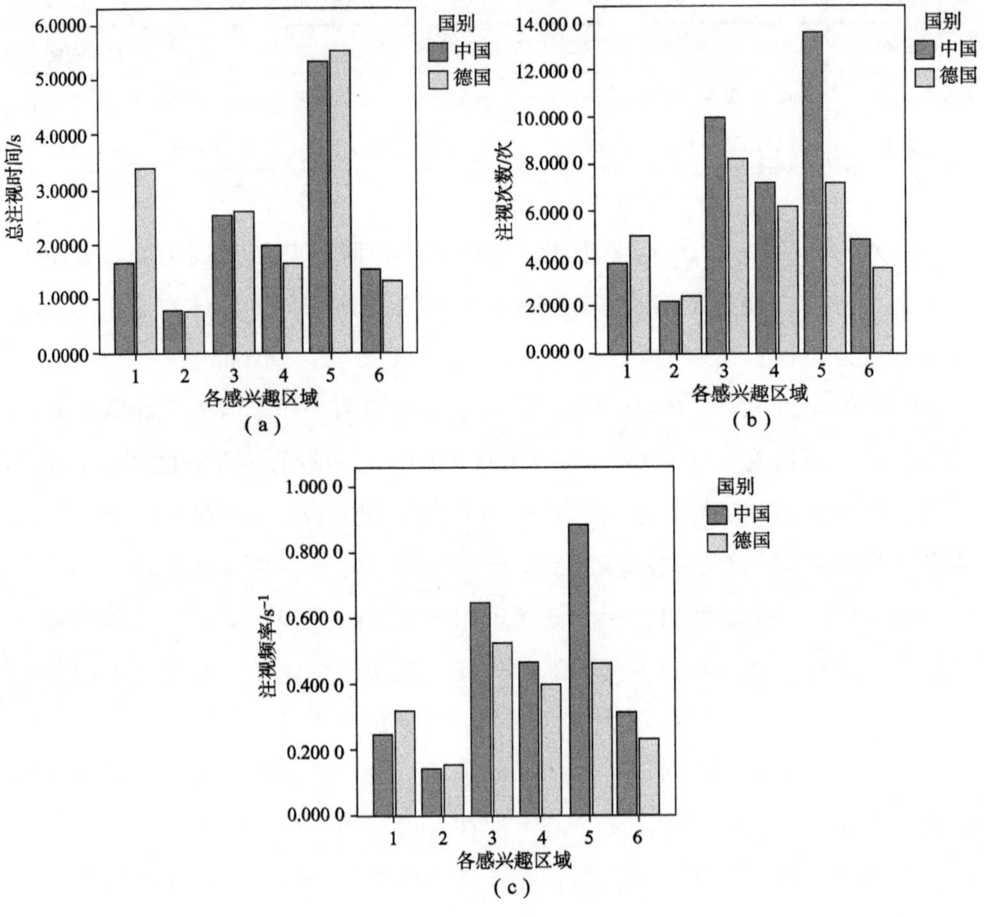

图 3－16　眼动数据比较直方图

(a) 注视时间比较；(b) 注视次数比较；(c) 注视频率比较

时间均低于中国用户。此外，中国用户在各感兴趣区总注视时间标准差为 1.59，低于德国用户的 1.73，反映出中国用户在各区域注视时间更加平均。

(2) 各感兴趣区注视次数比较。由图 3－16 (b) 可知，中国用户在“进气格栅”区域注视次数最高，表明不断地对该区域进行往复注视，试图读取更多有用信息以助于品牌判断。而德国用户在“发动机盖”注视次数最高，表明更习惯于以视觉中心为原点，再进行目标扫视。另外，中国用户在各感兴趣区注视次数的总和为 41.60，大于德国用户的 32.60，这意味着中国用户有更多的扫视和搜索，可以认为中国用户相较于德国用户，更加趋向于“由上而下”的识别模式。

（3）各感兴趣区注视频率。根据文献的研究，较高的注视频率代表更多的信息处理。中国用户在发动机盖 3、车灯 4、进气格栅 5、转角区 6 的注视频率高于德国用户，这些感兴趣区占据了样本图片的主要特征区域，表明中国用户在进行“特征分析”过程时，信息处理量更大。这一方面说明中国用户的信息处理更加活跃；另一方面也可能意味着对造型特征较为不熟悉，因而需要更多的处理。

对以上三组数据分别进行单因素方差分析，目的在于检验单一因素影响的一个因变量分组的均值之间差异性是否具有统计意义。其中，单一因素为“用户国别”，因变量为中、德用户眼动注视各指标，即各感兴趣区的注视时间、注视次数与注视频率，计算结果如表 3-4 所示。

表 3-4　单因素方差分析

统计指标	各感兴趣区注视时间	各感兴趣区注视次数	各感兴趣区注视频率
F (1, 8)	0.063	0.588	0.618
P	0.807 > 0.05	0.461 > 0.05	0.450 > 0.05
是否显著	否	否	否

通过表 3-4 可以看出，两个自由度为 1 和 8，P 值分别为 0.807、0.461、0.450，均大于 0.05 的显著性水平。根据此结果，可以否定有效假设，即认为中、德两国用户在各感兴趣区的注视时间、注视次数与注视频率三项指标上无显著性差异。

（4）水平方向眼动指数。人眼有四种基本运动：眼跳（Saccade）、追踪运动（Smooth Pursuit Movement）、辐辏运动（Vergence Movement）以及前庭眼运动（Vestibulo-ocular Movements）。在方向上可以分为垂直和水平两个方向。本实验中使用 Dikablis 眼动仪，对人眼在水平方向上的四种运动指标进行加权计算，得出眼动指数，用于判断被试者水平方向眼动的积极与活跃程度。

眼动跟踪实验数据如表 3-5 所示。

表 3-5 水平方向眼动指数

国别	1	2	3	4	5
中国	66.648	88.276	97.988	85.248	92.460
德国	62.630	81.602	56.202	72.318	66.965

以国别为组别，进行单因素方差分析，得到 $F(1, 8)=7.045$，$P=0.029<0.05$，这表示中、德两国用户的水平眼动指数整体上存在显著性差异。中国用户的水平眼动指数均值为 86.12，明显高于德国用户的均值 67.94，这表明，相对于德国用户，中国用户在水平方向上的眼动更加积极和活跃。这从而也进一步解释了前面的实验结果，即德国用户注视时间多集中于视觉中心区域，而非两侧区域。

3.4.4.3 问卷调查结果分析

对问卷结果进行统计，分别计算出中、德两国用户在 6 个感兴趣区域以及“整体造型 7”的均值，了解哪一个区域最能帮助用户识别出汽车的品牌，结果如表 3-6 和图 3-17 所示。

表 3-6 Likert 量表得分均值

国别	车窗	后视镜	发动机盖	车灯	进气格栅	转角	整体造型	均值
中国用户	-2.20	-0.91	-1.80	0.40	2.80	-1.20	1.60	-0.19
德国用户	-2.00	0.00	-0.27	1.45	2.20	-0.55	2.00	0.40

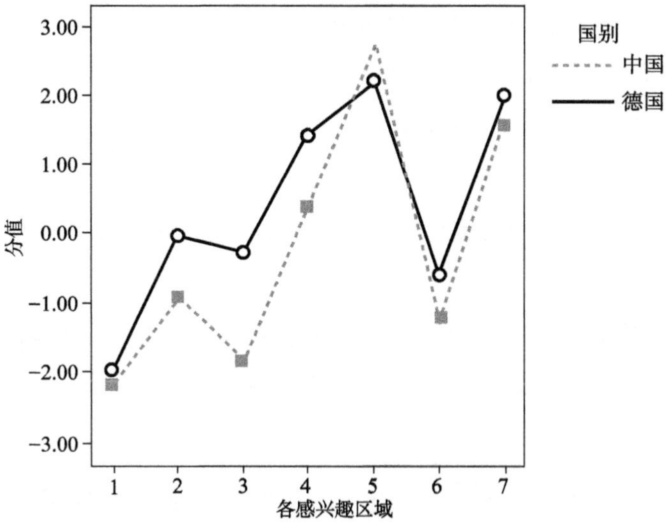

图 3－17　Likert 量表得分均值比较

两国用户排在前 4 位的区域相同，依次为进气格栅 5、整体造型 7、车灯 4、后视镜 2。值得提出的是，中、德两国用户都认为“整体造型”比较有助于品牌的识别，两国用户表现出了高度的一致性，体现出了完形心理的识别模式。德国用户打分均值为 0.40，远高于中国用户的 -0.19。究其原因在于，实验样本图片是一辆德国车（奔驰），因此相对于中国用户，德国用户的头脑中已经形成了更为深刻的长期记忆，换言之，德国用户的头脑中的“原型”更为鲜明和准确，因而在模式识别的“原型匹配”过程中，做出更为自信和肯定的判断。

3.4.5　总结与展望

本章面向汽车造型特征，基于眼动跟踪技术和 Likert 量表，对中、德两国用户为代表的东、西方文化背景下的模式识别进行跨文化研究，得出如下结论。

（1）在共同的主任务（汽车品牌识别）之下，不同群体用户的基本认知方式具有相似性，特别是中、德两国用户较为一致地具有完形心理的识别模式。相比于德国用户，中国用户更趋向于“由上而下”的识别模式，即在汽车造型的认知过程中由整体到局部。

（2）中国用户在汽车前脸造型的视觉过程中水平眼动更为活跃；德国用户的视觉更多地集中于汽车前视正面造型的中心区域，并且在识别过程中习惯回到中心区域，以此为原点再进行搜索；相比之下，中国用户搜索的跳跃性更强；中国用户在汽车造型特征注视的识别模式过程中，视觉信息处理量更大，过程更加复杂。

（3）就汽车前视正面造型而言，进气格栅、车灯、后视镜的造型是最能帮助用户识别品牌的重要特征。用户对于熟悉的事物会形成更加深刻的长时记忆，汽车造型的良好继承性对于用户识别品牌作用显著。

同时，由于人类认知机制的复杂性，尚存在很多值得进一步探讨的问题。Treisman 理论对于特征的定义，通常是指线段、色块等，在解释三维图景的识别问题时存在不足，本章中采用的样本即使是实景图片，严格意义来说也仅是二维的；另外，“视觉启动（Visual Priming）”对于造型识别机制的影响也不可低估，是下一步研究工作中待解决的问题。

参考文献

[1] 何芳，都宁．跨文化视角下北京高等教育国际化发展研究［J］．高教发展与评估，2021，37（06）：34－41＋120－121.

[2] 王受之．世界现代设计史［M］．北京：中国青年出版社，2002.

[3] 彭凡珂，丽莎·夏隆．跨文化设计［M］．北京：电子工业出版社，2016.

[4] 何平．跨文化研究的理论和方法［J］．史学理论研究，2014（4）：68－78.

[5] 周宪．跨文化研究：方法论与观念［J］．学术研究，2011（10）：127－

133.

[6] Hofstede G, Hofstede G J, Minkov M. Cultures and organizations: Software of the mind [M]. New York: Mcgraw - Hill, 2005.

[7] G Hofstede. Cultural differences in teaching and learning [J]. International Journal of Intercultural Relations, 1986, 10 (3): 301 - 320.

[8] Baskerville R F. Hofstede never studied culture [J]. Accounting, Organizations and Society, 2003, 28 (1): 1 - 14.

[9] Schwartz S H. A theory of cultural values and some implications for work [J]. Applied Psychology, 1999, 48 (1): 23 - 47.

[10] Graves D. Corporate culture: diagnosis and change: auditing and changing the culture of organizations [M]. Pinter, 1986.

[11] Kongsompong K, Powtong R, Sen S. Ethnocentrism, materialism, social influence, and collectivism: an inter - and intra - national analysis of the Thais, Chinese, and Indians [C]//Proceedings of the 3rd international conference on Intercultural collaboration. 2010: 247 - 250.

[12] Leong B D, Clark H. Culture - based knowledge towards new design thinking and practice—A dialogue [J]. Design Issues, 2003, 19 (3): 48 - 58.

[13] Wu T Y, Cheng H, Lin R. The study of cultural interface in Taiwan Aboriginal Twin - Cup [C]//HCI INTERNATIONAL. 2005: 22 - 27.

[14] Ma - Kellams C. Cultural variation and similarities in cognitive thinking styles versus judgment biases: a review of environmental factors and evolutionary forces [J]. Review of General Psychology, 2020, 24 (3): 238 - 253.

[15] Markus H R, Kitayama S. Culture and the self: Implications for cognition, emotion, and motivation [J]. Psychological review, 1991, 98 (2): 224.

[16] Bauman C W, Skitka L J. Making attributions for behaviors: The prevalence of correspondence bias in the general population [J]. Basic and Applied So-

cial Psychology, 2010, 32 (3): 269 - 277.

[17] Choi I, Koo M, Choi J A. Individual differences in analytic versus holistic thinking [J]. Personality and Social Psychology Bulletin, 2007, 33 (5): 691 - 705.

[18] Morris M W, Menon T, Ames D R. Culturally conferred conceptions of agency: A key to social perception of persons, groups, and other actors [J]. Personality and Social Psychology Review, 2001, 5 (2): 169 - 182.

[19] Morris M W, Peng K. Culture and cause: American and Chinese attributions for social and physical events [J]. Journal of Personality and Social Psychology, 1994, 67 (6): 949.

[20] Mason M F, Morris M W. Culture, attribution and automaticity: a social cognitive neuroscience view [J]. Social Cognitive and Affective Neuroscience, 2010, 5 (2 - 3): 292 - 306.

[21] Levy R I. Tahitians: Mind and experience in the Society Islands [M]. University of Chicago Press, 1975.

[22] Miller J G. Culture and the development of everyday social explanation [J]. Journal of Personality and Social Psychology, 1984, 46 (5): 961.

[23] Yates J F, de Oliveira S. Culture and decision making [J]. Organizational Behavior and Human Decision Processes, 2016, 136: 106 - 118.

[24] Miyamoto Y, Kitayama S. Cultural variation in correspondence bias: The critical role of attitude diagnosticity of socially constrained behavior [J]. Journal of Personality and Social Psychology, 2002, 83 (5): 1239.

[25] Norenzayan A, Heine S J. Psychological universals: What are they and how can we know? [J]. Psychological Bulletin, 2005, 131 (5): 763.

[26] Ross L. The intuitive psychologist and his shortcomings: Distortions in the attribution process [M]. Academic Press, 1977, 10: 173 - 220.

[27] Gilbert D T, Malone P S. The correspondence bias [J]. Psychological Bulletin, 1995, 117 (1): 21.

[28] Heider F. The psychology of interpersonal relations [M]. Psychology Press, 2013.

[29] Norenzayan A, Choi I, Nisbett R E. Cultural similarities and differences in social inference: Evidence from behavioral predictions and lay theories of behavior [J]. Personality and Social Psychology Bulletin, 2002, 28 (1): 109 – 120.

[30] Lien Y W, Chu R L, Jen C H, et al. Do Chinese commit neither fundamental attribution error nor ultimate attribution error? [J]. Chinese Journal of Psychology, 2006.

[31] Pettigrew T F. The ultimate attribution error: Extending Allport's cognitive analysis of prejudice [J]. Personality and Social Psychology Bulletin, 1979, 5 (4): 461 – 476.

[32] 陈晓萍．组织与管理研究的实证方法 [M]. 北京：北京大学出版社，2008.

[33] 梁觉，周帆．跨文化研究方法的回顾及展望 [J]. 心理学报，2010，42 (1): 41 – 47.

[34] Cook T D, Campbell D T, Shadish W. Experimental and quasi – experimental designs for generalized causal inference [M]. MA, Boston: Houghton Mifflin, 2002.

[35] Campbell D T, Cook T D. Quasi – experimentation [M]. IL, Chicago: Rand Mc – Nally, 1979.

[36] Caporael L R. Evolutionary psychology: Toward a unifying theory and a hybrid science [J]. Annual Review of Psychology, 2001, 52 (1): 607 – 628.

[37] Leung K, Van de Vijver F J R. Strategies for strengthening causal inferences in cross cultural research: The consilience approach [J]. International Journal of Cross Cultural Management, 2008, 8 (2): 145 – 169.

[38] Karjalainen T M. It looks like a Toyota: Educational approaches to designing

for visual brand recognition [J]. International Journal of Design, 2007, 1 (1).

[39] 詹杜颖. 品牌效应下的特色小镇构建研究 [D]. 杭州：浙江工业大学，2016.

[40] 孙育平. 自主品牌的基因传承与进化 [J]. 企业经济，2008 (1)：60－62.

[41] 杨保军. 品牌进化的动力机制与模型分析 [J]. 河南科技大学学报（社会科学版），2010，28 (4)：74－77.

[42] 代方梅. "品牌基因" 理论视角下体育特色小镇品牌构建研究 [J]. 湖北大学学报（哲学社会科学版），2018，6.

[43] McCormack J P, Cagan J, Vogel C M. Speaking the Buick language: capturing, understanding, and exploring brand identity with shape grammars [J]. Design Studies, 2004, 25 (1): 1－29.

[44] Lee H C, Tang M X. Generating stylistically consistent product form designs using interactive evolutionary parametric shape grammars [C]//2006 7th International Conference on Computer－Aided Industrial Design and Conceptual Design. IEEE, 2006: 1－6.

[45] Chau Meicanghauh, Mckay A, de Pennington A. Combining evolutionary algorithms and shape grammars to generate branded product design [C]//Design Computing and Cognition'06. Springer, Dordrecht, 2006: 521－539.

[46] 缪琳，杨雄勇. 从苹果的设计探究产品基因的遗传与变异 [J]. 艺术与设计（理论），2008 (7)：170－172.

[47] 王伟伟，杨延璞，杨晓燕，等. 基于形状文法的产品形态创新设计研究与实践 [J]. 图学学报，2014 (1)：68－73.

[48] 杨延璞，陈登凯，余隋怀，等. 基于形状文法的泛族群产品形态设计 [J]. 计算机集成制造系统，2013，19 (9)：2107－2115.

[49] 胡伟峰，胡玥，王冬冬，等. 产品品牌基因研究现状与进展 [J]. 包装工程艺术版，2021，42 (16)：61－71.

[50] 姚桂丹，宋武．妈祖文化视域下的表情符号设计研究 [J]．包装工程艺术版，2021，42（22）：280－284.
[51] 苟秉宸，于辉，李振方，等．半坡彩陶文化基因提取与设计应用研究 [J]．西北工业大学学报（社会科学版），2011，31（4）：66－69.
[52] Gou Bingchen，Yu Hui，Li Zhenfang，et al. Research on the gene extraction and design application of Hanpo pottery culture [J]. Journal of Northwestern Polytechnical University（Social Sciences），2011，31（4）：66－69.
[53] 周建，李彬彬．跨文化理论分析与产品造型设计 [J]．艺术与设计（理论），2009（9）：248－250.
[54] 何人可，李辉．全球史视野下的长沙窑古陶瓷设计研究 [J]．装饰，2018，9.
[55] Masuda T，Nisbett R E. Attending holistically versus analytically：comparing the context sensitivity of Japanese and Americans [J]. Journal of Personality and Social Psychology，2001，81（5）：922.
[56] Dong Y，Lee K P. A cross－cultural comparative study of users' perceptions of a webpage：With a focus on the cognitive styles of Chinese，Koreans and Americans [J]. International Journal of Design，2008，2（2）.
[57] 何虎，李杰，侯友，等．文化差异与融合：蒙古族大学生场景知觉的眼动研究 [J]．心理与行为研究，2018，16（6）：751.
[58] Norenzayan，R. Culture and cognition [J]. Nature，1974，251（5474）：454－454.
[59] 胡伟峰，赵江洪，赵丹华．基于造型特征线的汽车造型意象研究 [J]．中国机械工程，2009，20（04）：496－499.
[60] 胡伟峰，赵江洪．用户期望意象驱动的汽车造型基因进化 [J]．机械工程学报，2011，47（16）：176－181.
[61] Yadav H C，Jain R，Shukla S，et al. Prioritization of aesthetic attributes of car profile [J]. International Journal of Industrial Ergonomics，2013，43

(4)：296 - 303.

[62] 朱上上，罗仕鉴，应放天，等. 支持产品视觉识别的产品族设计 DNA [J]. 浙江大学学报（工学版），2010 (4)：715 - 721.

[63] 卢兆麟，李升波，徐少兵. 面向汽车造型的用户视觉模式识别比较 [J]. 计算机集成制造系统，2015，21 (7)：1711 - 1718.

[64] 张悦，卢兆麟. 面向用户认知的汽车产品族前脸造型设计方法 [J]. 图学学报，2013，34 (5)：93 - 98.

[65] 刘怡麟. 面向跨文化融合的产品意象造型设计方法研究 [D]. 兰州：兰州理工大学，2019.

第 4 章 CHAPTER

基于汽车造型设计模糊前端的思维机制研究

4.1 模糊前端研究文献分析

模糊前端这一概念最早在 1985 年提出，它又称为产品开发前阶段和创新前端等。模糊前端具有高度的不确定性，主要包括市场的不确定性与技术的不确定性。

产品设计创新通常被划分为三个阶段，模糊前端是产品设计的初始阶段，是创意的产生和碰撞的阶段。Cooper 和 Kleinschmidt 的研究表明，区别新产品开发成功与失败的最关键的活动是“前期活动”，即“模糊前端”，特别是产品开发前期与市场有关的活动，产品开发项目的成功率与投入在模糊前端阶段的时间成正比，因此模糊前端是产品设计整个程序中最核心和复杂的阶段。随着近些年设计行业的不断发展，使得产品设计越来越受到人们的关注，模糊前端作为产品设计的重要开发创新阶段，成为学者们研究的热点。

4.1.1 文献来源

本书选取了 CNKI、EI、SCI 数据库作为主要文献来源，在 CNKI 数据库中以“产品设计”“工业设计”“设计”“产品”和“模糊前端”作为关键词搜索全文，截至 2021 年 11 月 22 日，得到文献 119 篇。在 SCI、EI 数据库中以“fuzzy front end，FFE”“front end of innovation”和“product design”“industrial design”“innovative design”作为关键词搜索全文，时间截至 2022 年 1 月 2 日，最终得到文献 479 篇。

从文献数量上来看，国外有关学者对产品设计模糊前端的研究数量还是较多的，已经有了一定的研究成果。而国内有关学者对产品设计模糊前端的研究数量较少，缺乏系统性和规模化，有待于进一步研究。

4.1.2 文献分析

4.1.2.1 文献发表趋势分析

西方学者最早于1985年便提出“模糊前端”这一概念，并在20世纪80年代逐渐发展。国内张洪石等在经济学领域提出使用模糊前端理论，并认为模糊前端阶段是新思想不断涌现的阶段，在这个阶段较好的产品概念能在最后带来一定的经济效益，所以加强和突破创新以及进行模糊前端管理是经济实现赶超和持续增长的战略需要。根据国内外每年发布的文献量绘制发表趋势折线图（图4-1），从研究的时间上来看，我国有关于产品设计模糊前端理论的研究较为滞后，从文章发表数量上来看，国内文章数量大大少于国外，但是国内外年度发表文献的数量整体呈现上升的趋势，其主要原因在于理论及方法对新产品开发和实践具有重要意义，之后相关研究所涵盖的内容和涉及领域持续深化和拓展。

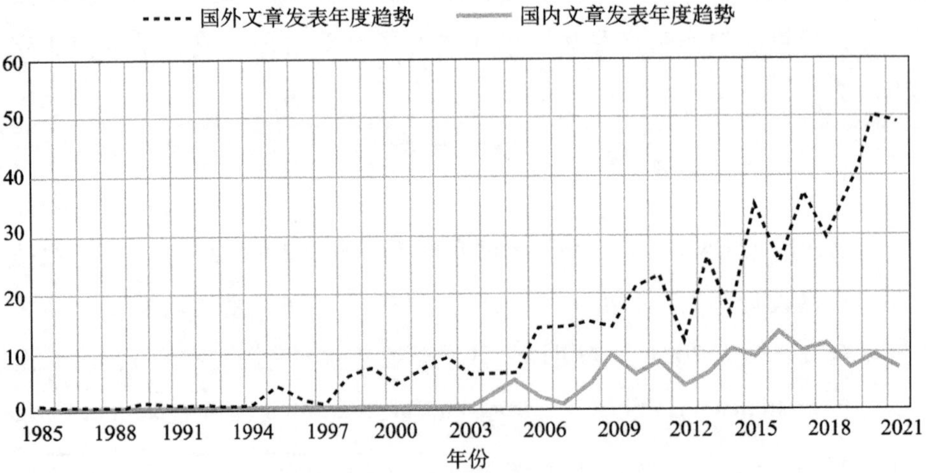

图4-1 国内外文献发表趋势折线图

4.1.2.2 文章发表所属学科分布

文章发表的学科分布在一定程度上可以反映该理论在不同学科的应用情

况。将检索到的 479 篇英文文献和 119 篇中文文献按照学科进行分类并对比（图 4－2），发现国外关于模糊前端理论的研究文献主要是集中于科技产业以及制造产业，对工业设计中的模糊前端研究的文献也较为广泛，而国内的研究文献主要集中于企业经济和管理，对产品设计模糊前端的研究较为空白。

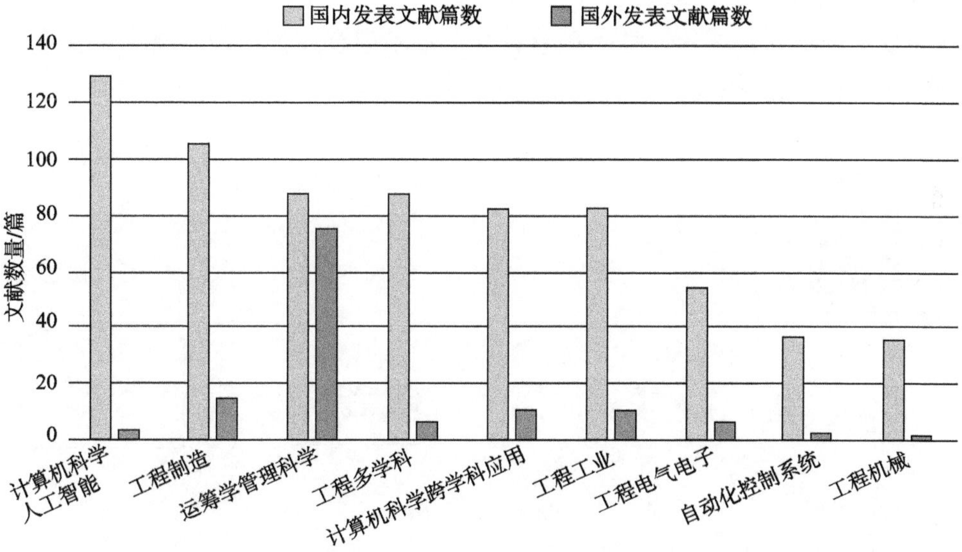

图 4－2　文献发表所属学科分布柱状图

4.2　模糊前端的内涵

4.2.1　模糊前端的界定

目前，学者们对于模糊前端含义的界定主要分成三类，分别是基于过程的观点、基于活动的观点和基于市场技术的观点。

基于过程的观点是指在模糊前端的定义中强调模糊前端阶段是由几种明确的子步骤组成。Griffin 认为模糊前端可以分为概念形成和项目评估两个阶段；Khurana 和 Rosenthal 认为模糊前端是新产品开发（NPD）的前期阶段，包括创意产生及评估、产品概念开发及定义、产品规划设计等步骤（图 4-3）；Boeddrich 建立了包括创意战略规划、创意产生与采纳、创意筛选与实施以及概念开发、初始计划四阶段的模糊前端模型，认为模糊前端由上述四阶段所构成；罗洪云和张庆普基于知识管理的视角，提出了新创科技型小企业突破性技术创新的模糊前端过程主要包含识别领先用户需求知识和创新机遇、技术创意知识产生、技术创意提炼、技术创意评估、技术创意选择和突破性技术定义 6 个步骤。

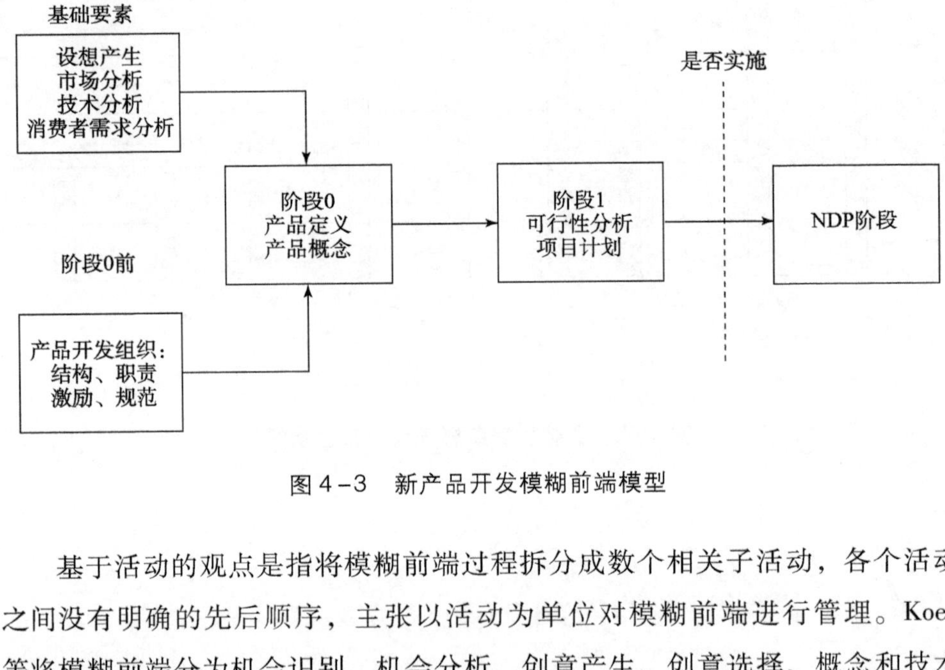

图 4-3　新产品开发模糊前端模型

基于活动的观点是指将模糊前端过程拆分成数个相关子活动，各个活动之间没有明确的先后顺序，主张以活动为单位对模糊前端进行管理。Koen 等将模糊前端分为机会识别、机会分析、创意产生、创意选择、概念和技术开发 5 个要素，强调要素没有先后顺序，有些会发生多次；高金玉和宋晓云将模糊前端概括为项目启动、机会确认、可行性研究和新产品定义 4 个主要活动；余芳珍等认为前端活动主要分产品计划、项目计划和创意产生、筛选与评估几类。

基于市场技术的观点是主要关注模糊前端阶段外部因素对其产生的影响，集中关注市场和技术的不确定性，而不是产品设计本身。Hong 等的研究发现，北美地区制造业企业将早期顾客、竞争对手及供应商纳入创新过程中，对企业战略匹配与新产品开发（NFD）绩效有正向影响；Menguc 等的研究表明，顾客参与渐进式创新设计有利于提高新产品开发绩效，供应商参与渐进式和突破式创新都能提高新产品开发绩效；裴旭东等的研究结果表明，供应商模糊前端参与正向影响企业间关系学习和突破性创新，制造企业对供应商的长期导向正向调节供应商模糊前端参与和关系学习之间的关系。

4.2.2　模糊前端的特征

模糊性和不确定性是模糊前端最显著的特征，产品设计的模糊前端存在大量不确定与模糊的因素，何剑锋认为造成模糊性和不确定性的因素主要表现在以下四个方面（图 4－4）：需求的不确定性和模糊性、技术的不确定性、竞争环境的不确定性、所需资源的不确定性。

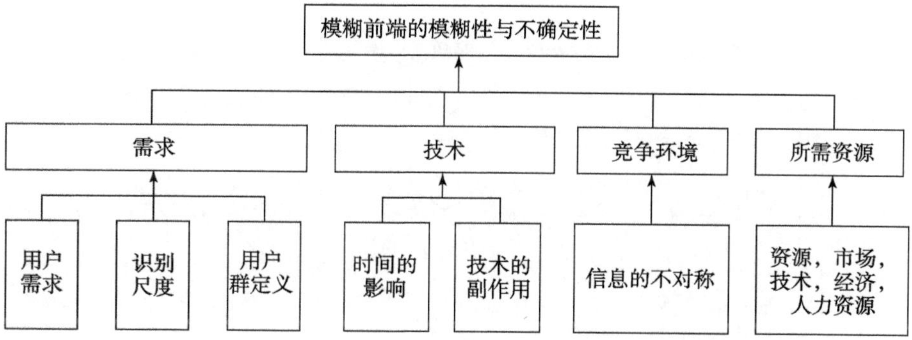

图 4－4　模糊前端的模糊性与不确定性来源

Brun 等从“主题”和“来源”两个维度进行分类，其中“主题”不确定性包括产品、市场、过程及组织资源，而“来源”不确性表现在新颖性、有效性及可靠性；Souder 和 Moenaert 认为模糊前端不确定性主要表现为需求不确定性、技术不确定性、竞争不确定性及资源不确定性；而 O’Connor 和 Rice 按来源划分为市场不确定性、资源不确定性、组织不确定性及技术不确定性。张洪石等认为突破性创新的不确定性来自 4 个方面，分别是技术、市场、组织、资源的不确定性。尽管这些研究的视角不尽相同，但其本质都认为模糊前端不确定性主要来源于市场、技术、资源与组织等方面。

随着对模糊前端特征的深入研究，Brun 和 Saetre 认为歧义是新产品开发（NPD）模糊前端中“模糊性”的重要组成部分，歧义是由多种解释引起的，而解释可以理解为假设，因此可以使用假设演绎方法（HDM）对其进行检验；Frishammar 等认为关于模糊前端歧义性的研究不充分，强调歧义性可以对创新过程模糊前端带来多种重要的影响。代军对模糊前端的来源和特征进行了细致研究，认为模糊前端的模糊性主要来源于前端环境、前端方式和前端目标 3 个方面，具体特征包括不确定性、模糊性、复杂性和易变性。刘力萌将这些阶段重新提炼综合，对照设计思维的问题解决理论，并根据模糊前端的特点，提出模糊前端过程的 4 个阶段：机会识别、机会表征、设想产生、设想评价，并结合 Martin 描述设计思维内在机制的知识漏斗，形成如图 4-5 所示的模糊前端过程模型。

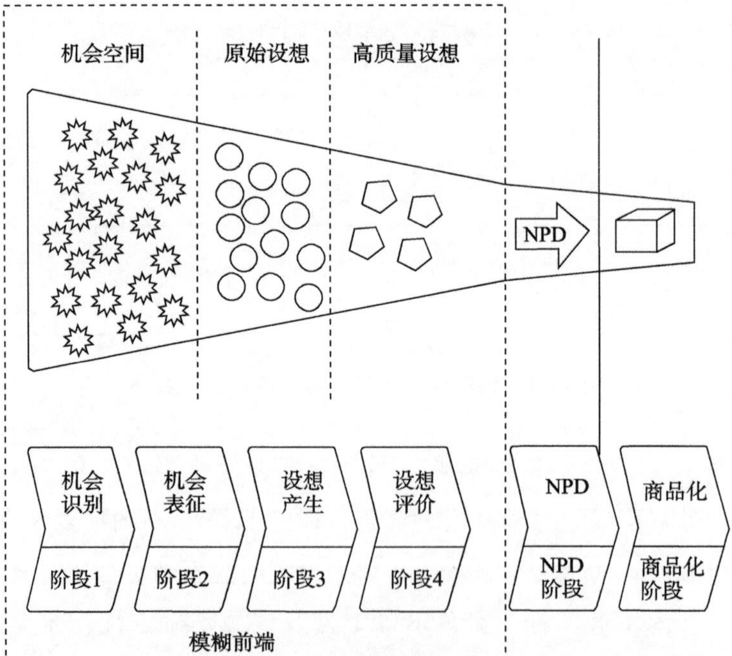

图 4-5 模糊前端过程模型

在有关模糊前端特征的研究中，普遍使用了“模糊性”“不确定性”“歧义性”等词汇，但对有些词汇的语义界定没有形成共识。因此有必要进一步明确模糊前端特征的语义，这不仅有助于学者间的讨论研究，更有助于模糊前端理论的广泛应用。

4.2.3　产品设计模糊前端的影响因素

产品设计模糊前端的影响因素主要分为内部和外部两个部分。内部因素包括战略和技术，外部因素包括大环境、竞品、顾客需求等。

（1）内部因素。Koen 等发现创新程度更高的公司更精通模糊前端，他认为组织上的领导关系文化氛围及经营战略为模糊前端开发的核心。机会识别、机会分析、创意创生、想法选择、概念和技术开发为可控活动要素。Zhang 和 Doll 在分析影响企业模糊前端的基础因素中重点强调了战略导向、有影响力的管理者和并行工程等企业内部因素。Kim 和 Wilemon 建立了减少模糊性水平的战略模型，该模型涵盖了影响模糊前端绩效的 5 个关键因素：任命一个有知识的个人或团队领导模糊前端，为模糊前端活动提供组织支持，了解模糊前端模糊性的来源，建立信息系统和高效的模糊前端流程，发展与支持者、合作伙伴和联盟的关系。陈劲和高金玉认为前端模糊性、前端活动和组织因素都将影响模糊前端的模糊性，前端活动中的开发战略新思想以及组织因素中的文化、团队和信息等都可归结为企业内部因素。李俊亭和焦鹏飞将内部因素划分为新产品开发战略、团队合作效率、企业创新文化、企业的资源配置、技术支持 5 个部分。万维雅的研究强调了企业的信息技术对模糊前端的支持作用，但由于文章的局限性，不能阐述支持模糊前端的信息技术工具的全部内容，仅论证了信息技术工具的基本原理和优劣，具体的贯彻和其他方面需要进一步的探究。Gan 和 Tan 认为创意的产生是新产品开发的模糊前端的关键因素，并基于此开发了一个用于创意生成的集成模型。Kakar 和 Carver 通过系统回顾新产品开发相关的文献，确定了对模糊前端阶段具有促进作用的十大最佳实践，包括：创新型组织文化、正式的模糊前端过程、模糊前端结果与战略目标匹配、跨职能组织结构、信息管理、共享产品任务、明确产品目标、不断地从内部和外部来源获取知识、管理者决策直觉以及以为强有力的管理者。但由于选择了同行评议，在全面性方面有所欠缺，需要后续进行进一步的测试。Carbone 等认为影响产品设计模糊前端效能的主要因素分为新产品的战略适应性、产品定义、项目定义、组织（项目）作用4 项，但其结论由于原始数据来源单一，因此在普适性上需要进行进一步的研究。

（2）外部因素。主要关注企业所处的社会大环境、竞品、顾客需求等。高金玉将新影响产品开发模糊前端的因素分为前端模糊、前端活动、组织因素3 个方面，其中子因素属于外部因素的有顾客、竞争者、顾客参与、供应参与。Zhang 和 Doll 认为顾客参与、供应商参与是影响模糊前端的重要因素。李俊亭和焦鹏飞将新产品开发模糊前端的外部因素分为顾客、供应商、竞争者、分销商。Kim 和 Wilemon 认为强调客户参与、与供应商和中介机构合作、寻求横向合作等方式外部干预因素均可有减少模糊程度。

通过对相关文献的梳理和归纳，发现影响产品设计模糊前端效能的企业内部因素主要包括战略、技术、企业文化和信息系统等；企业外部因素主要包括大环境、竞品、顾客需求、供应商参与、经销商等。企业内外部因素共同作用于产品设计模糊前端。

4.3 模糊前端的绩效优化

4.3.1 模糊前端的绩效与整体绩效

新产品开发模糊阶段属于项目开始的最前端，距离项目结束还有着较远的距离，但由于模糊前端作为产品开发的初始阶段，对整个项目的成功都起到至关重要的作用。Cooper 最早于 1988 年便提出了“决定开发项目成功的关键活动位于整个项目正式开发前”的观点。Markham 也认为在新产品开发过程中，大部分价值是在前端阶段创造的，前端创新过程越成熟，新产品开发绩效越好，在证明模糊前端绩效与产品开发整体绩效成正比关系后，便开始探索其中影响的因素。Verworn 等建立了模糊前端因素与新产品开发绩效的因果关系模型，其中影响整体开发绩效的模糊前端因素包括市场不确定性降低、技术不确定性降低和计划强度，Verworn 在随后的研究中又增加了项目执行这一中间变量，并引入"产品新颖度"作为外生的关联因素。Zhang 和 Doll 则建立了虚拟关系模型，以前端模糊性、基础因素为外部变量，团队观念为中间变量，产品开发绩效为内生变量。

关于模糊前端绩效与整体绩效的关系，现有的研究主要集中于理论概念模型，关于具体如何量化两者之间的关系以及如何评价，对这些问题的探索尚不够深入，还存在较大的研究空间。

4.3.2　基于定义的优化

关于模糊前端的定义，学者们对此进行了探索，并尝试建立一系列模型结构化和可视化模糊前端活动，认为减少模糊前端的模糊性会对新产品开发绩效有着不同程度的正面影响。Khurana 和 Rosenthal 建立的模型细化了模糊前端每个阶段的相关活动并进行定义，使得模糊前端活动变得可视化，对于减少模糊性来说是一个很好的工具。如图 4－6 所示，Kim 和 Wilemon 为模糊前端的模糊性水平建立了一个模型，显示了"模糊性"是随着产品开发的

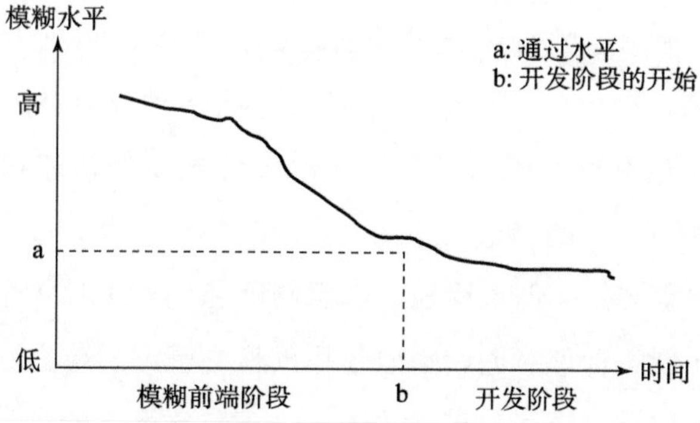

图 4－6　模糊水平模型图

进行而逐渐减小的，当模糊性或是不确定性降到一定的水平时，就意味着新产品的开发阶段就开始了，而模糊前端的优化可以对影响因素进行有效管理，使 b 值缩小，从而也就提升了新产品开发的整体效率。

如图 4－7 所示，Kim 和 Wilemon 的模型将模糊前端绩效的因素分成五大类，5 个椭圆分别代表不同的因素：①分配经理或团队领导模糊前端；②提供模糊前端活动组织支持；③建立一套信息系统；④与伙伴和联盟建立关系；⑤了解模糊前端的来源，并列出 5 类因素共同影响模糊前端活动的结果。

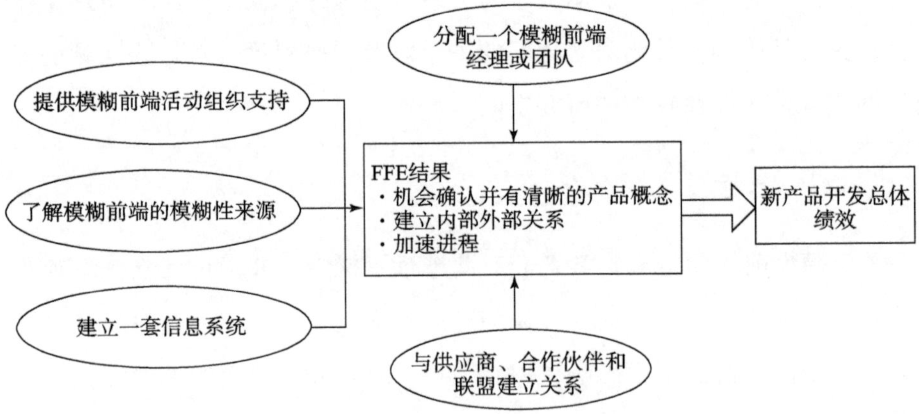

图 4－7　减少模糊性水平战略及结果

Cooper 首先提出了产品创新设计的广义阶段－门模型，如图 4－8 所示，此模型是以时间为顺序并采用将模糊前端的工作流程和决策流程以模块化的形式展现出来。其中，“阶段”是指每一项活动发生的地方，“门”指的是控制点。通过对产品创新模糊前端的设计模型的构建提高产品设计创新能力。

余芳珍从创意文化、创意途径、创意制度和创意工具 4 个维度构建新产品开发模糊前端创意管理对创新绩效作用的概念模型，建立新产品开发模糊前端创意管理结构方程模型并进行验证。大多数学者最先都是基于定义的角度出发，构建一系列概念模型，使得模糊前端的内容及影响因素更加清晰，

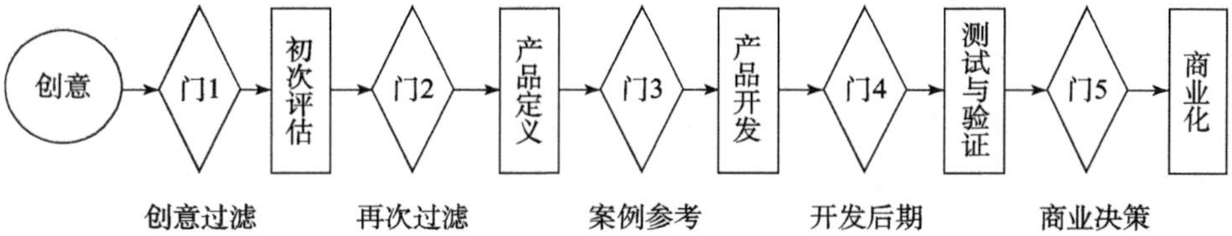

图 4－8　阶段－门模型

减少模糊前端的模糊性及不确定性，多局限于理论层面，实证层面的探索研究较少。

4.3.3　基于项目资源的优化

模糊前端活动主要是由项目团队完成的，所以除了对模糊前端定义进行探索，部分学者还从项目资源的维度出发，提升团队自身的素养，从而优化产品设计模糊前端绩效。例如，Kim 和 Wilemon 认为项目的领导人非常重要。Herstatt 和 Verworn 认为产品设计模糊前端属于整个产品开发的前端，此阶段的目标是促进组织学习和提升组织应对挑战的能力。Khurana 和 Rosenthal 提出新产品开发模糊前端模型，并认为项目中的基础要素（产品战略、投资战略）和特定项目要素（产品开发组织：结构、职责、激励、规范）是模糊前端成功的因素。尹成龙等对产品设计模糊前端的创新和管理进行研究，结合产品设计开发模式的整体发展趋势，提出目标设计阶段产品整体概念的创新思想，强调加强产品设计模糊前端的团队管理，降低模糊前端的不确定性和模糊性。

4.3.4　基于环境的优化

基于环境的优化主要是指产品设计模糊前端的市场环境、顾客、供应商等。模糊前端阶段的合作能够建立基于信任和信息共享的关系，同时还可以开发新的市场并建立新的技术，最大化每个企业的资源并保证每个企业得到最有效的结果。Menguc 等的研究表明，顾客参与渐进式创新设计有利于提高新产品开发绩效，供应商参与渐进式和突破式创新都能提高新产品开发绩效。曹勇等基于知识共享与开放式创新视角，构建了模糊前端的知识共享模型，重点分析知识共享、模糊前端创新要素与新产品开发绩效三者之间的关系，并利用结构方程模型进行实证分析得出降低市场、资源、技术与组织的不确定性对新产品开发绩效有着不同程度的正面影响，让外部环境促进彼此之间的知识共享从而降低模糊性，优化新产品开发模糊前端绩效。Azadegan指出在进入新产品开发的执行阶段之前，企业需要完成大量的前期工作。例如，企业必须及早决定是否终止表现不佳的新产品开发项目，因为假设项目进入到新产品开发的执行阶段，停止该项目的可能性不大。因此，企业须通过充分的市场调研去选择最有前景的产品创意以最大限度地提高模糊前端阶段新产品开发的成功率，同时还需要与供应商和顾客等建立相互合作和信任的关系，形成良好的外部环境。

4.3.5 模糊前端绩效的检验因素

对模糊前端进行优化后，如何进行相关的绩效检验也是较为重要的问题，针对此问题，我们将不同学者们的观点进行归纳整理，分为基于定义的检验、基于过程的检验、基于环境的检验。

基于定义的检验因素主要分为两大部分。第一部分从模糊前端的定义和特征作为出发点，对模糊前端绩效进行评价。Kakar 和 Carver 通过对以往文献的分析，总结出正向影响模糊前端绩效的 10 个因素：创新的组织文化、正式的模糊前端过程、战略目标、跨职能组织结构、信息管理、共享使命、明确的产品目标、外部知识、管理者直觉以及有影响力的管理者。代军认为产品创新者能够从模糊前端来源和特征的角度对新产品模糊前端进行综合评价，并构建了一个量化的评价矩阵，其中包含模糊前端特征的 8 个方面和模糊前端来源的 6 个方面，从而构成了 48 项评价指标，以手机新产品开发初期绩效评价进行举例。第二部分主要以产品项目定义为主，Kleinschmidt 等认为模糊前端活动是为了获得更加完善、可靠的产品定义；陈劲和高金玉根据模糊前端的特征提出了 5 项评价模糊前端绩效的指标，其中就包括体现模糊前端结果的指标：具有一个比较清晰的产品定义和产品开发目标。

基于过程的检验因素认为应该通过模糊前端中的具体活动来检验模糊前端绩效。丁生娟将项目概念及清晰的项目进展计划作为两个重要的模糊前端绩效衡量指标；Reinertsen 认为模糊前端过程的时间、成本及其错误率是衡量该阶段绩效的指标；Salomo 和 Mensel 则从具体性和可持续性两个角度衡量模糊前端活动的完成情况，其中具体性指对技术、顾客需求、供应商、生产设备和资金使用情况等信息的了解程度，可持续性是指模糊前端阶段产生的创意在整个开发过程中保持不变。

基于环境的检验是从整个产品开发的企业环境和市场环境维度出发，认为模糊前端阶段的目标是促进组织学习和提升企业应对挑战的能力。Poskela 和 Martinsuo 均用战略更新来衡量模糊前端绩效，具体指标包括开启新产品开发机遇的程度、开启新市场的程度、市场增长程度和技术专业知识增加程度。

根据不同维度的模糊前端绩效检验因素，将其汇总归纳整理，如表 4-1 所示。不同的学者分别从不同的角度出发探索模糊前端绩效的检验因素，未来可以将以上的观点加以整合，建立恰当的模糊前端绩效检验体系，以便检验并提升新产品开发的整体绩效。

表 4-1　模糊前端绩效检验因素

基于定义	明确模糊前端来源
	模糊前端的特征
	清晰的产品（项目）定义
基于过程	清晰的项目进展计划
	模糊前端过程的时间、成本、错误率
	模糊前端创意持续性
基于环境	技术可行性
	新产品开发机遇、市场程度
	用户需求

4.4 面向产品开发模糊前端的研究

4.4.1 有形产品

从目前搜索到的文献来看，学者们在有形产品设计模糊前端领域的探索较为广泛，主要分为造型设计、结构设计两个方向。在造型设计方面，Khurana 和 Rosenthal 以 11 家公司为样本，对包装消费品到电子产品等有形产品行业有效地将业务战略、产品战略和特定于产品的决策联系起来。卢兆麟等对汽车产品造型设计模糊前端阶段中设计者思维机制进行研究，并进行口语报告实验，提出基于思维过程和基于思维活动的两种编码方案提高汽车产品造型设计模糊前端阶段的有效性。伍琴对文化创意产品造型设计模糊前端进行了详细研究，针对文化产品造型设计的问题，将产品造型相关的设计元素细分为功能、行为、文化、情感和构造法 5 个方面进行研究，结合基于案例的设计技术、遗传算法以及形状文法知识，建立文化创意产品概念原型系统引导设计师对文创产品进行创意设计；并以小音箱为例，验证了该方法的可行性，为文化产品设计提供了一种有效方法。张莉从模糊前端的角度出发进行研究，并将其运用于婴儿奶瓶产品设计中，使用感性工学、聚类分析、层次分析等方法分析用户需求，使用质量屋反映奶瓶产品用户需求和设计要素之间的映射关系。

在结构设计方面，何剑峰借鉴“事理学”方法体系，针对创新产品开发模糊前端的信息管理过程，提出了三角锥设计信息弹性系统框架，并以康佳冰箱设计为例对三角锥体系进行了应用。Russell 和 Tippett 确定影响中小型医疗设备制造商的想法筛选和项目选择过程的行业级新产品开发关键成功因素，改进其模糊前端流程，从而降低与医疗器械开发相关的项目失败的高成本。张莉通过对产品实际模糊前端的研究，将其应用于产品设计中，以此降低企业在新产品设计开发过程中的盲目性和风险性，提高模糊前端绩效，并最终以蚌埠金洋机床厂为例对研究进行论证。权婧雅提出了基于 QFD 和 Kano 的新产品开发模糊前端分析模型并将此模型应用于某汽车公司的新产品开发模糊前端过程，最后提出 QFD 与 Kano 模型结合的新方式并提出构建“魅力型需求质量屋”的概念。平恩顺等将发明问题解决理论（TRIZ，Teoriya Resheniya Izobreatatelskikh Zadatch）应用于新产品开发的模糊前端阶段，通过技术成熟度预测确认技术机会；基于技术进化理论对实现产品主功能的技术子系统进行技术预测，分析技术机会，并应用计算机辅助创新软件（CAI）工具产生创新设想；建立了面向成熟期产品突破性创新设计模糊前端阶段过程模型，并在机械产品突破性创新设计方面进行一些前期探索。刘力萌等提出了一种多方法集成的模糊前端创新设想产生过程模型，以超市自动售粮机为例，依据该模型指导新项目创新设想的产生，验证了该模型的有效性和实用性。

4.4.2　无形产品

无形产品的开发由于其有无形性、异质性、同时性和易逝性等特点，对有形的新产品开发研究得到的结论可能并不适用于无形开发。关于新服务开发模糊前端绩效的评价指标研究甚少，对于新产品开发模糊前端的绩效评价指标的研究也不多，只是零星间接地有所提及。在产品创新模糊前端，企业必须很好地掌握市场、技术以及竞争对手的相关信息才能对创新产品的开发战略、定义形成共识。Alam 研究了 26 家服务型企业，对模糊前端过程中的顾客互动与新服务开发绩效的关系进行定量研究，认为与顾客互动有助于降低新服务模糊前端阶段的模糊性。丁生娟以城市商业银行为例，对新服务开发模糊前端机制进行了剖析，研究了新服务开发模糊前端阶段所包含的具体活动，对都市周报卡和汇财服务开发项目展开案例内研究并得出相应的新服务开发模糊前端机制模型，如图 4－9 所示。赵威探讨了客户与企业之间的互动对定制化知识密集型服务开发绩效的影响。姜跃昆以 W 公司为研究对象，对软件产品创新的模糊前端管理的问题和改进进行研究，分析出模糊前端的问题，并结合相关理论为 W 公司设计了模糊前端管理改进方案，对软件产品、模糊前端和敏捷管理的相关理论进行了融合。由于软件产品其市场新颖度及技术新颖度较高，企业感知风险较大，此研究对于中国数字经济带下的众多信息化服务企业在软件产品创新模糊前端的管理实践方面具有重要的参考意义。

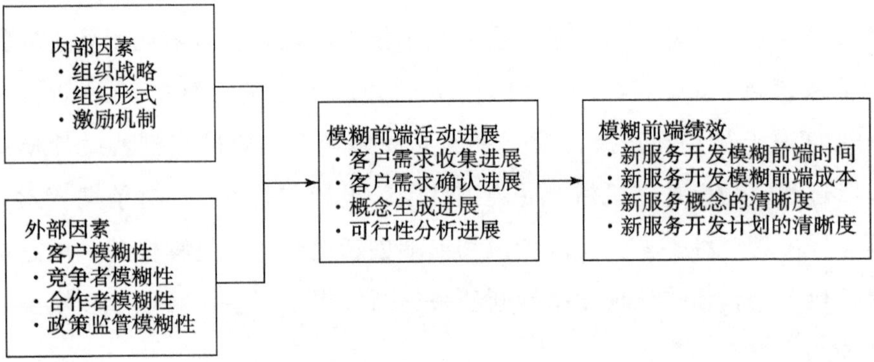

图 4-9 新服务开发模糊前端机制模型

不同属性的产品，其新颖度、稳定度方面都有所不同，部分学者虽使用相同的方法进行研究，但与有形产品相比较，无形产品由于其不稳定性造成了模糊前端阶段的模糊性较强，且对此类产品的研究较少，因此在后期研究中应该更加注重模糊前端阶段绩效的提升，以无形产品的特征为基础，有针对性地研究其模糊前端阶段的框架模型，以此提升新产品整体开发绩效。

4.4.3 产品设计模糊前端的研究工具

到目前为止，已经开发了许多与产品设计模糊前端相关的方法及工具，包括图表、矩阵、模型等等，将现有的一些模糊前端工具根据类型、性能结构和运行机制归纳为单功能工具和多功能工具。

单功能工具主要是针对一个或两个模糊前端的任务的工具，这一类型的工具尽管在协作领域中存在局限性，但是它在连接上下活动的性能上具有较强的优势。Langerak 等使用 QFD 中质量屋分析方法从产品特征角度发现产品创新机会；创造性模板法提供了预测矩阵和产品组态图分析工具提取客户需求。Boeddrich 基于产品概念开发的角度，开发了一种“想法类型”模型，定义了 4 种不同类型的员工及其解决问题的倾向，提出了一套扩展的要求，作为在公司中创建和实施想法管道以及检查软件程序以进行创意管理或新产品开发计划早期阶段的有用工具。刘力萌为帮助设计者在产品开发模糊前端获取有价值的创新，提出了一种基于情境的模糊前端创新机会识别方法，明确了产品参与的情境与产品创新过程的关系，从未来情境条件和演化原理不确定的角度发现产品创新机会，并应用于吸尘器的创新研发中。

多功能工具主要是多个功能角度涵盖整个模糊前端任务范围的工具。万维维试图分析支持模糊前端过程的信息技术工具和方法，在模糊前端过程模型背景的基础上阐述支持模糊前端过程的三种方法或工具——并行工程（CE）、知识工程（KBE）、QFD 这三种方法用来支持模糊前端，有利于减少模糊前端过程中的不确定性，使整个的新产品开发过程更加有效果、有效率。

檀润华等为解决不能充分应用不同领域知识的问题，将 TRIZ 及计算机辅助创新软件系统（CAIS）应用于产品创新模糊前端的设想产生，建立了过程模型，提出了 4 种创新设想产生模式，如图 4－10 所示。

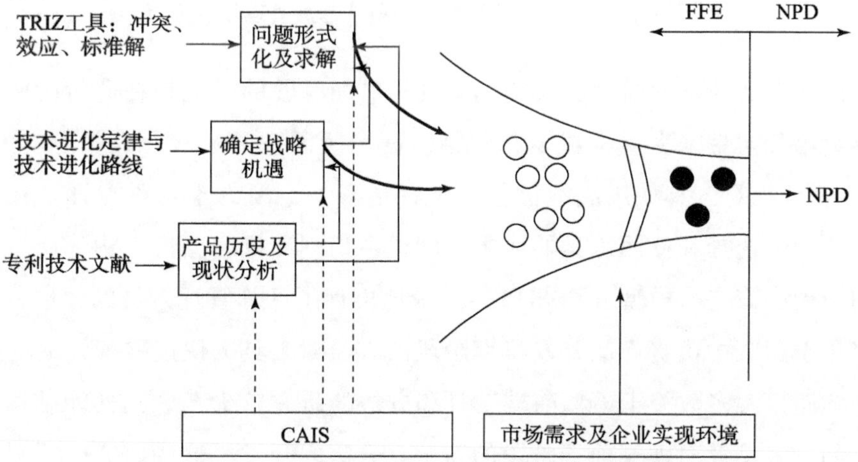

图 4－10　面向模糊前端的创新设想产生过程模型

何剑峰试图从设计方法的视角探讨在创新产品开发设计模糊前端的工作内容与方法，对模糊信息进行有效提取和管理，使之更有效地为设计服务。从设计方法论的角度总结设计方法的趋势与发展，综合各大设计因素，借鉴“事理学”方法体系，针对创新产品开发模糊前端的两个重要信息管理过程，提出可行的三角锥设计信息弹性系统框架，将内容进行详细的规划，帮助设计师更清晰地认识设计工作，启发设计思路，如图 4 - 11 所示。

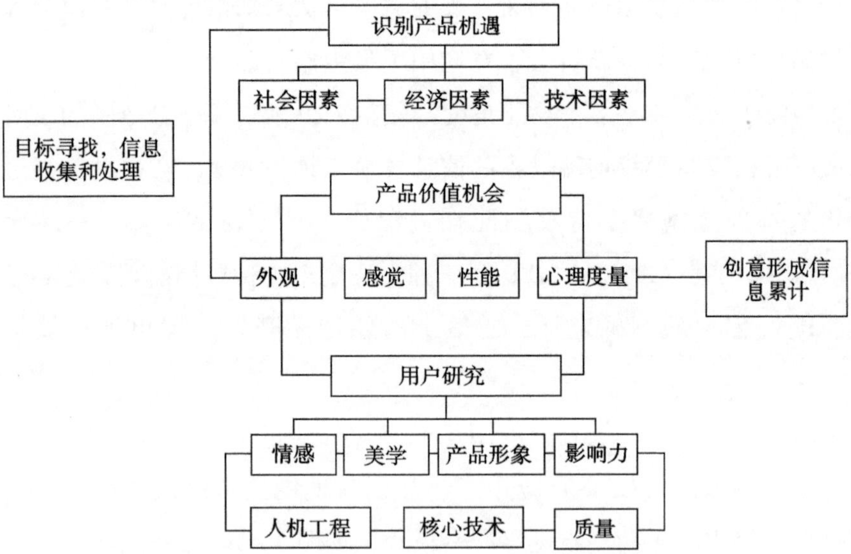

图 4 - 11 创新产品开发模糊前端信息管理设计因素

在新产品开发的模糊前端使用工具是更加有效的，但是在此阶段中使用工具会给公司带来大量的成本，包括时间、所需空间、涉及人员等。因此，Achiche 认为对工具使用成本进行经济评估至关重要，于是重点评估在模糊前端活动中选择和使用工具的成本，即机会识别和机会分析，构建所发现关系的模糊决策支持模型（FDSM），准确地再现了计算管理人员的数量，并且可以用于团队中负责产品开发早期阶段的人员对工具的快速财务评估。

然而，大多数关于模糊前端工具和方法的研究较少考虑到性能结构和操作机制，只是针对模糊前端阶段的新工具方法的开发。这些研究往往只是简单地说明了对于模糊前端的任务，哪些性能方法和相关工具理论是合理的。

但是，从多个维度来看，操作时的导向性还需要进一步细化，整个模糊前端任务之间的相互关系缺少考量，而且工具更加偏向于描述和说明性，自动化程度不够，普适性也较差，应该更加注重信息技术工具的执行和应用以及使用信息化工具所带来的实际效果，最后如何定量分析模糊前端任务之间的相互关系也是需要考虑的重点。

4.4.4 存在问题及研究趋势

在产品设计中引用模糊前端的相关理论及方法，充分了解研究和挖掘模糊前端理论中的工具和方法，具有潜在的研究价值，值得进一步深入研究，具体关注以下三个方面。

1. 理论基础并加强实证研究

理论是所有研究开展的基础。但目前现有的模糊前端模型不够全面，较为零散，仍然没有恰当的方式解决。对于模糊前端的绩效研究已经出现了瓶颈期。例如，产品设计模糊前端绩效的评价方法目前所存在的问题，如何改进？如何进行量化？不同的产品类型模糊前端绩效之间相互作用的结果不同，为什么不同？它们的不同之处在哪？都是值得去探讨的问题。

在实证研究方面，由于投入较大、研发周期长，关于此类模糊前端绩效的研究也较为浅薄。应将理论与实际设计相辅，加以实证相成，才能促进整个产品设计模糊前端领域的发展，使得这一领域的研究更有意义。

2. 量化产品设计模糊前端绩效

影响产品设计模糊前端绩效的因素较多且较杂，目前大部分学者已经对影响模糊前端绩效的关键因素进行了探讨，下面研究如何量化这些因素对模糊前端绩效进行的检测和评价，不同因素的影响程度及影响机制是什么，都是值得深入挖掘的问题。只有将定性与定量相结合，才能使得模糊前端绩效的评价更加准确和科学。

3. 探索多行业共同发展

目前，模糊前端的研究主要局限于高新技术、制造业领域，而且有相关的研究试图以不同的产品属性以及行业背景来建立理论模型，但其所研究结论并不具有普适性，难以在不同行业内进行推演。应该探究不同行业其背后阻碍模糊前端绩效提升的因素，使得建立的模型更加具有普适性。

4.5 汽车造型设计模糊前端的思维机制研究

设计是一个复杂的思维过程，国内外学术界对于“设计”所达成普遍共识一般包括：①一种创造性活动；②一种针对目标的问题求解过程；③一种改进现实的活动；④一种从现存事实到未来可能的转化；⑤一种决策活动。进一步，Lawson 将设计定义为“在一系列特定情境下为满足总体真实需求寻找合适解决方案的思维活动”。在这一活动中，设计的模糊前端（Fuzzy Front End，FFE）是极为重要的阶段，它既是创新设计开端、产品创新发动机，又是创新能否成功的关键，当前的研究尚缺少对于这一过程之后潜藏的设计师思维机制的探索。

针对上述问题，本节以汽车造型为样本，运用口语报告实验（Verbal Report，VR）并结合数理统计分析，对设计过程模糊前端的设计师思维机制进行定量研究，以总结出相应规律。

4.5.1 产品造型设计的模糊前端

产品的开发是一个高度组织化的过程，与多个主体密切相关，其中造型设计不仅包括设计师，还涉及市场人员、工程技术人员、管理人员等。将上述产品造型设计的模糊前端进一步划分为两个阶段：项目前端与设计前端，如图 4 - 12 所示。

在项目前端，企业需进行新产品的机会识别，以保证其符合公司发展战略及顾客的需求。一旦产品机会被确定，进行市场规模、性质、特点和现有

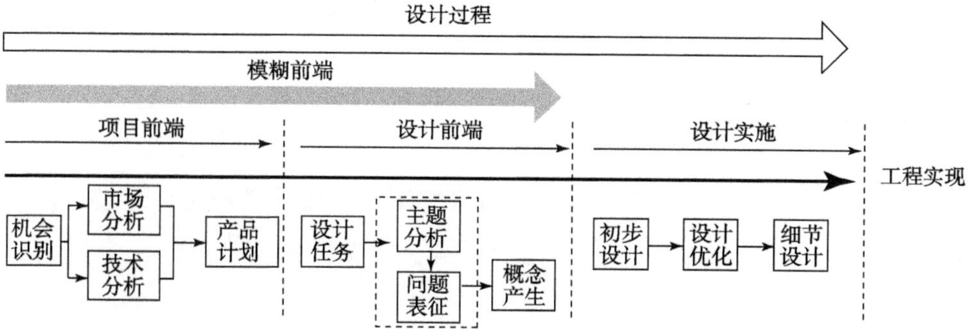

图 4－12　产品造型设计模糊前端

竞争产品的分析，并且确定现有技术能力能否在限定的时间内凭借一定资源将产品机会转化为新的产品。之后企业将制定产品计划，对产品的核心层、有形层与延伸层等进行较为详细的描述。

在设计前端，经历思维发散、思维转化、思维收敛三个阶段。以汽车造型为例，在第一阶段，设计师根据设计任务书对汽车造型问题进行分析，获取尽可能多的信息，同时以一定方式在头脑中表征，包括目标群体定位、产品功能、使用环境等；在第二阶段，设计师将主要设计信息转化为与造型概念相关的语义描述，如将“80 后年轻都市群体”转化为具体的“年轻化、时尚感”；在第三阶段，设计师对造型概念的语义、意象、主题等各种信息进行整合，建立起与造型元素之间的关系，如以蓝色光带表明电动车特征、以侧身腰线彰显“力量感”等。如图 4－13 所示。

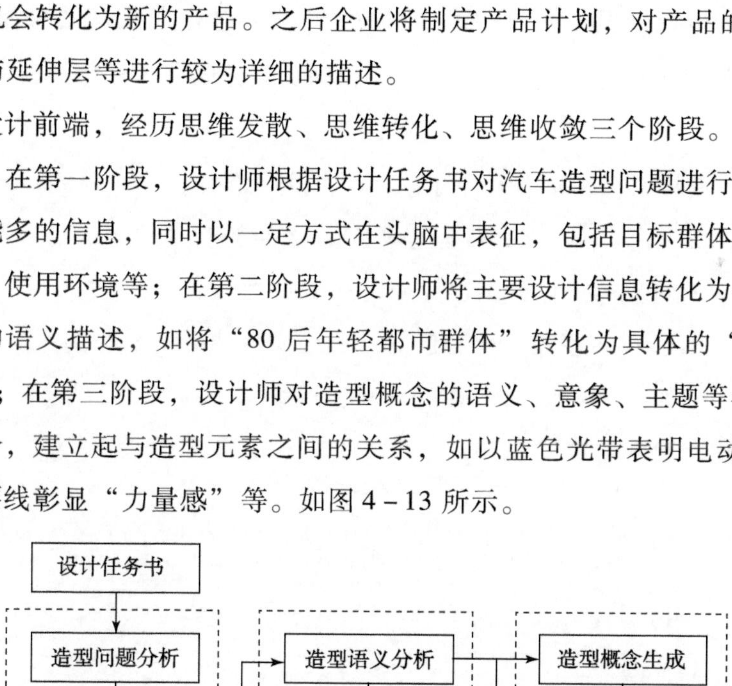

图 4－13　汽车造型设计模糊前端的思维过程

4.5.2 基于口语报告的造型设计思维机制研究

4.5.2.1 造型设计思维

设计研究包括三个根本问题：①设计规则；②设计方法论；③设计思考过程。本节将面向汽车造型设计模糊前端，对设计师思维过程机制进行研究，定义如下：

定义 4.1 根据德国卡尔斯鲁厄大学提出的本体建构方法，设 P 为设计师在汽车造型设计模糊前端的思维过程，则 P 为一个四元组：

$$P = \{O, R, \leqslant_O, \varphi\} \quad (4-1)$$

式中，O 为思维过程中涉及的客体对象；R 为客体对象之间的关系；$\leqslant_O$ 为客体对象的层次结构，函数 φ：$R \rightarrow O^+$，即关系指向客体对象的映射，则

$$O \subseteq (T \cup K \cup C) \quad (4-2)$$

式中，T 为设计目标，K 为设计知识，C 为设计约束。

定义 4.2 由定义 4.1，R 为客体对象之间的映射关系，即部分对象转向另外一部分对象的操作，以巴克斯范式表示为

$$R::= \text{<联想><分解><归纳><演绎><选例>} \\ \text{<抽象><逆反><生成>} \quad (4-3)$$

分别进行形式化描述如下：

联想：$A \rightarrow B$

分解：$A \rightarrow \{A_1, A_2, \cdots, A_n\}$，$A_i \in A$，$1 \leqslant i \leqslant n$

归纳：$\{A_1, A_2, \cdots, A_n\} \rightarrow A$，$A_i \cap A \neq \varnothing$，$1 \leqslant i \leqslant n$

演绎：$A_i \rightarrow \omega A_i$

选例：$\{A_1, A_2, \cdots, A_n\} \rightarrow A_i$，$1 \leqslant i \leqslant n$

抽象：$A_i \rightarrow A^+$，$A_i \cap A^+ \neq \varnothing$

逆反：$A \rightarrow -A$

生成：$\{A_1, A_2, \cdots, A_n\} \rightarrow \{A_1, A_2, \cdots, A_n, A_{n+1}\}$

4.5.2.2　口语报告方法

口语报告是认知研究的重要方法，最早可以追溯到 19 世纪末德国心理学家 Wundt 提出的内省法，20 世纪 80 年代美国学者 Ericsson 与 Simon 出版了《作为数据分析的口语报告方法》一书，自此口语报告作为科学研究的一种基本方法开始得到广泛认可。依照不同依据可将口语报告分为若干种类，如表 4-2 所示。

表 4-2　口语报告分类

分类方式	类型
时间	同时性报告、追述性报告
内容	自述式报告、自我观察式报告、自我启示报告
报告方式	内省式报告、有声思维报告、对话式报告、访谈式报告

口语报告法将工作记忆信息通过语言外显化，及时高效地反映设计者的心声，记录和分析这些言语形成的口语记录，从而探索设计者内在的思维过程。目前，口语报告法已被国内外学者运用到设计研究的相关领域，如麻广林等运用口语报告法获取创新设计中的设计信息，通过认知实验对有经验和无经验设计者的创新设计过程进行了研究；熊艳等以儿童手机设计为例，利用口语报告法获得了有助于产品形态创新的设计规律；罗仕鉴等结合口语报告法，探讨图解思维的概念和特点，提出产品设计过程中两种隐性知识表达模式；谭浩等通过口语报告开展造型设计认知实验，提出具有自上而下与自下而上设计信息加工过程的产品造型思维模型；Chan Chiu - Shui 等以美国卡内基梅隆大学建筑系二年级设计题目为任务，研究了设计师思维过程；Valkenburg 等基于“反思实践”理论发展出新的工具和指导原则以提高团队设计效能，并以口语报告法进行了验证。

4.5.3　实例研究

在本研究中，实验过程需要满足以下两点：①被试者在完成测试内容的同时报告出自己的所有心理活动，描述其思考过程而无须解释原因；②被试者对测试任务的思维过程是直接的没有经过任何加工的。基于以上两点，本节采用“同时性 - 自我启示 - 有声思维报告”的方法。

4.5.3.1 设计任务与被试者选取

（1）设计任务来自企业项目，在向被试者介绍实验目的和过程后，要求根据任务书对造型设计模糊前端进行口语报告，主持人确保现场安静，除了必要的提醒外，不对被试者的思维做任何干扰，如表 4 – 3 所示。

表 4–3 实验任务

类别	具体描述
设计任务	小型（A0 级）纯电动汽车的造型设计，针对潜在用户群体为“80 后”城市年轻人
口语报告内容	造型问题分析→造型问题表征→造型语义→造型意象分析→造型概念生成→造型概念评估

（2）被试者是清华大学车辆工程专业汽车造型方向的研究生及本科生共 4 人，男性 2 人，女性 2 人；平均年龄 22 岁；其中有 3 年以上实际设计经验的 2 人，另外 2 人为新手设计者。实验设备包括数码录像机/录音机，主持人向被试者提供纸和笔等，实验全过程录音和录像。

这里采用小样本进行认知实验，Mahlke 和 Lindgaard 指出，口语报告本身是一种小样本研究法，具有较高的生态效度，其结果是否有效主要取决于被试者的选择是否恰当，而不是被试者数量的多少。

4.5.3.2 编码方案

实验结束后，首先将录音记录转成文字报告；然后将报告划分成一个个具有独立完整内容的段落。根据实验内容和目的不同，编码方案也不相同。本节研究侧重于设计师在模糊设计前端的思维机制，分别采取两种不同编码方案，如表 4－4 和表 4－5 所示。

表 4－4　基于思维过程的编码方案

思维阶段	解决问题策略	任务描述
思维发散	PA—造型问题分析	确定设计目标、明确目标人群等
	PR—造型问题表征	搜集造型设计信息，确定未来产品的特征、约束、标准等
思维转化	SA—造型语义分析	将主要设计信息转化为造型概念相关的语义描述
	IA—造型意象分析	主要设计信息经客体思维加工后生成造型的感性形象
思维收敛	CG—造型概念生成	建立语义、意象与造型元素的关系，以具体的造型元素描述造型概念
	CV—造型概念评价	对已形成的造型概念进行评价

表 4－5　基于思维活动的编码方案

思维活动关系
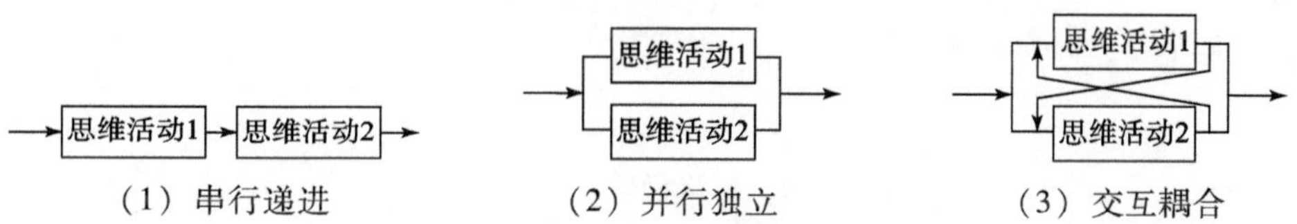 （1）串行递进　（2）并行独立　（3）交互耦合
思维活动类型
L—联想；A—分解；I—归纳；D—演绎；E—选例；C—抽象；R—逆反；G—生成

4.5.3.3　实验结果分析

1. 基于思维过程编码的结果分析

对被试者的口语报告进行思维过程编码并分析。限于篇幅，仅列出有经验设计者和新手设计者各一位的思维过程分析，如图 4－14 和图 4－15

所示。

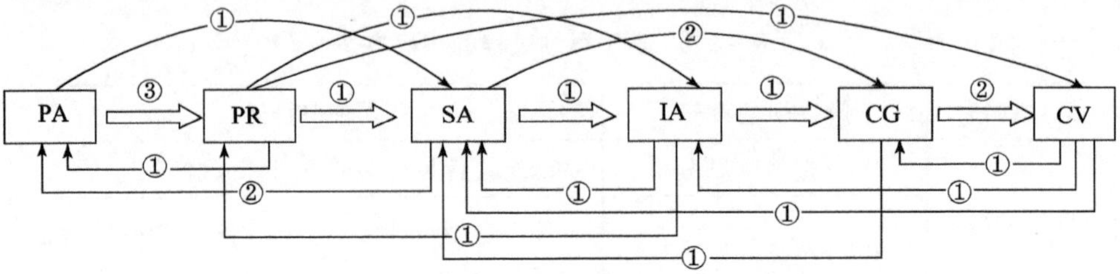

图 4-14 有经验设计者思维过程分析

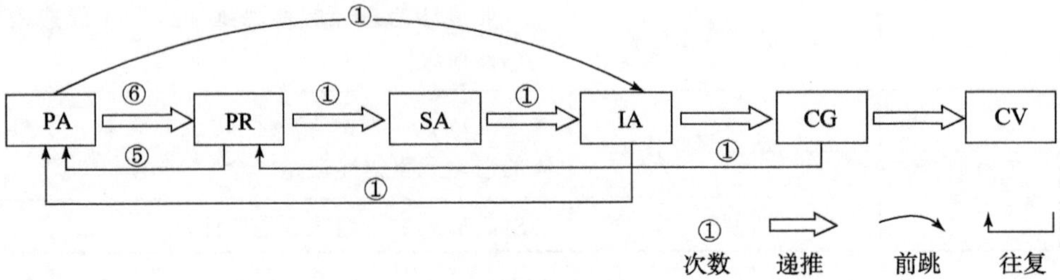

图 4-15 新手设计者思维过程分析

将被试者思维演进过程划分为三种形式：递推、前跳与往复。实验数据统计如表 4-6 和表 4-7 所示。

表 4-6 解决问题策略次数统计

类型	PA	PR	SA	IA	CG	CV	合计
有经验设计者	8	17	12	7	12	3	59
新手设计者	8	18	8	7	8	2	49

表 4-7 演进次数统计

类型	递推	前跳	往复	合计
有经验设计者	32	9	17	58
新手设计者	26	6	15	47

通过以上图表对比可以发现：①有经验设计者的思维过程前跳与往复次数明显多于新手设计者，呈现出网状结构，而新手设计者则表现为线状结构；②有经验设计者的思维具有完整的全过程，即“发散→转化→收敛”；而新手设计者的思维过程则偏重于发散阶段，即“造型问题分析（PA）与造型语义分析（SA）”方面，而在收敛阶段即“造型概念生成（CG）与造型概念评价（CV）”缺失严重。

2. 基于思维活动编码的结果分析

对被试者的口语报告进行思维方式编码并分析。有经验设计者与新手设计者的思维活动类型数据比较，如表 4-8 和图 4-16 所示。

表 4-8　思维活动类型次数统计

类型	L	A	I	D	E	C	R	G
有经验设计者	10	5	12	31	30	6	10	18
新手设计者	15	1	5	34	13	2	10	20

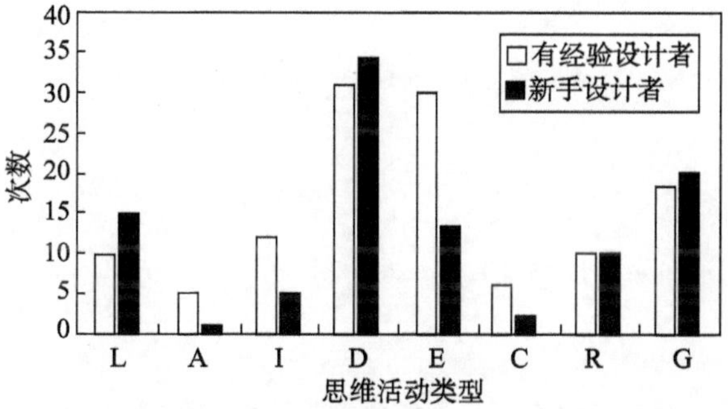

图 4-16　有经验设计者与新手设计者思维方式比较

分析表 4-8 和图 4-16 可以发现：①有经验设计者思维活动类型最多的是演绎（D），其次是选例（E），这表明他们在以往的工作中积累了丰富的案例经验，因此会在新的设计中通过演绎获得新知识，而新手设计者使用选例较少；这表明案例经验仍然是设计活动的最重要知识来源。②有经验设计者在分解（A）、归纳（I）、抽象（C）等逻辑性更强的思维活动类型上表现更为活跃，相比之下新手设计者较弱，这说明思维的逻辑性在设计模糊前端过程中具有重要的意义。③有经验设计者与新手设计者共同点在于都普遍运用联想（L）、生成（G）、逆反（R），相比之下新手设计者在“演绎”和“生成”的思维活动比例更高。

限于篇幅，仅列举有经验设计者和新手设计者各一位的思维活动分析，如图4-17和图4-18所示。

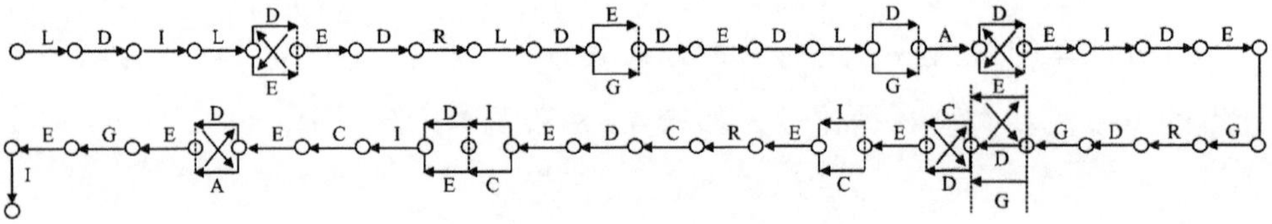

图4-17 有经验设计者思维活动

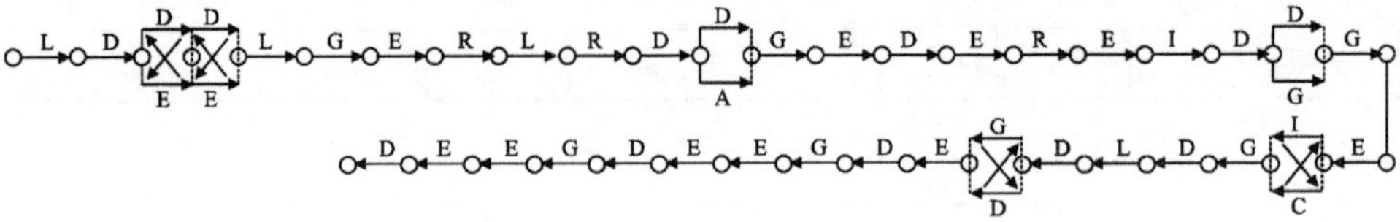

图4-18 新手设计者思维活动

图4-17和图4-18中，“○”代表思维的节点，“→”代表思维进程，详细统计数据如表4-9所示。

表4-9 思维活动关系所占比例

类型	串行递进	并行独立	交互耦合
有经验设计者	82%	10%	7%
新手设计者	78%	9%	13%

结合表4-9可以看出，有经验设计者的思维活动以“串行递进”“并行独立”方式较多，而新手设计者以“交互耦合”方式较多，这表明，在设

计模糊前端，有经验者在每一个独立思维段落中，其思维活动以单一形式为主，思维更为直接和纯粹，相比之下新手设计者的思维活动则较为复杂。

3. 思维活动与思维方式关联分析

为了探索在设计模糊前端思维过程与思维活动的关系，进行数据统计，如表 4-10、表 4-11 及图 4-19、图 4-20 所示。

表 4-10　有经验设计者解决问题策略中的思维活动次数

策略	L	A	I	D	E	C	R	G	合计
PA	1	2	1	5	6	0	0	1	16
PR	3	0	6	6	7	2	4	5	33
SA	4	0	1	5	6	0	2	8	26
IA	0	1	2	3	4	1	2	1	14
CG	1	1	2	9	8	2	1	2	26
CV	1	1	0	3	1	1	1	1	9

表 4-11　新手设计者解决问题策略中的思维活动次数

策略	L	A	I	D	E	C	R	G	合计
PA	6	1	1	3	1	0	0	1	13
PR	5	0	1	19	2	0	7	7	43
SA	0	0	0	6	5	0	0	5	16
IA	3	0	2	4	1	2	2	3	17
CG	1	0	0	2	3	0	0	4	10
CV	0	0	1	0	1	0	1	0	3

通过对表 4-10 和表 4-11 的分析可以发现：①有经验设计者的思维活动次数在造型问题表征阶段（PR）最多（33 次），其次是造型语义分析阶段（SA）及造型概念生成阶段（CG），均为 26 次；新手设计者的思维活动次数在造型问题表征阶段（PR）亦为最多（43 次），但在其他阶段较少，

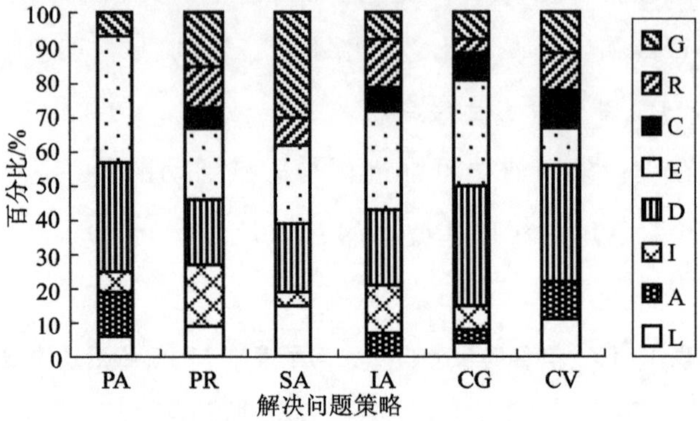

图 4-19　有经验设计者解决问题策略中的思维活动构成

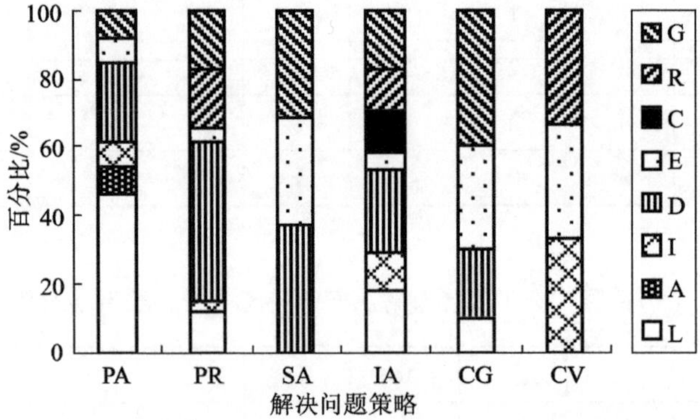

图 4-20　新手设计者解决问题策略中的思维活动构成

特别在造型概念生成（CG）及评价（CV）阶段的次数明显少于有经验设计者。②在解决问题策略的思维活动比例方面，总体上有经验设计者在各阶段的思维活动次数较为平均，而新手设计者各阶段分布较为不均。

4.5.4　总结与展望

本章面向汽车造型设计模糊前端，基于口语报告实验方法对设计师的思维机制进行了研究。对造型设计思维进行了形式化描述，以此为基础提出了基于思维过程与基于思维方式的两种编码方案，并对实验结果进行了分析。

（1）在汽车造型设计模糊前端，应强化新手设计者在思维收敛阶段的训练，重点在于造型概念的生成与评价能力，并帮助其形成有效的网状思维结构。

（2）建立车型案例数据库对提高设计绩效作用显著，应扩展设计者的信息来源，实现在汽车造型设计模糊前端的知识主动推送及有效重用。

（3）设计者应注重思维的逻辑性，围绕设计目标展开更直接的思考，并且更多地运用“抽象”“归纳”“分解”等高级的思维形式。

同时，由于人类认知过程的复杂性，设计模糊前端中尚有许多问题需要深入探讨。另外，本章的实验是在理想环境下开展的设计任务，与真实场景存在一定差异性，因此设计思维机制的研究成果对真实的设计实践的指导作用和效果还需要进一步提升，这也是下一步研究工作的重点。

参考文献

[1] 曹勇，向阳．基于开放式创新的新产品开发模糊前端模型研究 [J]．管理评论，2011，23 (10)：49 - 55.

[2] Cooper R G, Kleinschmidt E J. Resource allocation in the new product process [J]. Industrial Marketing Management, 1988, 17 (3): 249 - 262.

[3] Reinertsen DG. Blitzkrieg product development: cut development time in half [J]. Electronic Business, 1985, 15: 25 - 31.

[4] 张洪石，陈劲，高金玉．突破性产品创新的模糊前端管理研究 [J]．研究与发展管理，2004，16 (6)：48 - 53.

[5] Griffin A. Modeling and measuring product development cycle time across industries [J]. Journal of Engineering and Technology Management, 1997, 14

(1): 1-24.

[6] Khurana A, Rosenthal S R. Integrating the fuzzy front end of new product development [J]. IEEE Engineering Management Review, 1997, 25 (4): 35-49.

[7] Boeddrich H J. Ideas in the workplace: a new approach towards organizing the fuzzy front end of the innovation process [J]. Creativity and Innovation Management, 2004, 13 (4): 274-285.

[8] 罗洪云，张庆普. 知识管理视角下新创科技型小企业突破性技术创新过程研究 [J]. 科学学与科学技术管理，2015，36 (03): 143-151.

[9] Koen P, Ajamian G, Burkart R, et al. Providing clarity and a common language to the "fuzzy front end" [J]. Research-Technology Management, 2001, 44 (2): 46-55.

[10] 高金玉，宋晓云. 新产品开发中的模糊前端（模糊前端）：概念、特征及其管理 [J]. 科技进步与对策，2005 (01): 66-68.

[11] 余芳珍，陈劲，沈海华. 新产品开发模糊前端创意管理模型框架及实证分析——基于全面创新管理的全要素角度 [J]. 管理学报，2006 (05): 573-579.

[12] Hong P, Doll W J, Revilla E, et al. Knowledge sharing and strategic fit in integrated product development projects: An empirical study [J]. International Journal of Production Economics, 2011, 132 (2): 186-196.

[13] Menguc B, Auh S, Yannopoulos P. Customer and supplier involvement in design: the moderating role of incremental and radical innovation capability [J]. Journal of Product Innovation Management, 2014, 31 (2): 313-328.

[14] 裴旭东，李随成，黄聿舟. 模糊前端参与对突破性创新的影响研究 [J]. 科学学研究，2015，33 (03): 460-470.

[15] 高金玉. 新产品开发模糊前端（FFE）影响因素研究 [D]. 杭州：浙江大学，2004.

[16] 何剑峰. 基于“事理学”理论的产品创新开发模糊前端设计方法研究 [D]. 长沙：湖南大学，2009.

[17] Brun E，Saetre A S，Gjelsvik M. Classification of Ambiguity in New Product Development Projects [J]. European Journal of Innovation Management，2009，12 (1)：62 - 85.

[18] Souder W E，Moenaert R. K. Integrating Marketing and R&D Project Personnel Within Innovation Projects：An Information Uncertainty Model [J]. Journal of Management Studies，1992，29 (4)：485 - 512.

[19] O'Connor G C，Rice P M. A Comprehensive Model of Uncertainty As- sociated With Radical Innovation [J]. Journal Development & Management Association，2013，30 (S1)：2 - 18.

[20] Brun E，Saetre A S. Ambiguity reduction in new product development projects [J]. International Journal of Innovation Management，2008，12 (04)：573 - 596.

[21] Frishammar J，Florén H，Wincent J. Beyond managing uncertainty：Insights from studying equivocality in the fuzzy front end of product and process innovation projects [J]. IEEE Transactions on Engineering Management，2010，58 (3)：551 - 563.

[22] 代军. 新产品开发中模糊前端的评价与管理研究 [J]. 科技管理研究，2016，36 (08)：201 - 204，209.

[23] 刘力萌，张换高，檀润华. 多方法集成的模糊前端创新设想产生研究 [J]. 机械工程学报，2017，53 (15)：49 - 57.

[24] Martin R. Design thinking：Achieving insights via the “knowledge funnel” [J]. Strategy&amp；Leadership，2010，38 (2)：37 - 41.

[25] Zhang Q，Doll W J. The fuzzy front end and success of new product development：a causal model [J]. European Journal of Innovation Management，2001，4 (2)：95 - 112.

[26] Kim J，Wilemon D. Focusing the fuzzy front - end in new product develop-

ment [J]. R&D Management, 2002, 32 (4): 269 - 279.

[27] 陈劲，高金玉．复杂产品系统创新的模糊前端影响因素分析 [J]. 管理学报，2005 (03): 281 - 290.

[28] 李俊亭，焦鹏飞．新产品开发模糊前端影响因素研究 [J]. 农村经济与科技，2019，30 (01): 172 - 173.

[29] 万维雅．信息技术对产品设计模糊前端的支持 [D]. 武汉：武汉大学，2005.

[30] Gan D, Tan R. Idea generation for fuzzy front end of new product development using CAIs [C]//2006 International Technology and Innovation Conference. Stevenage, SG1 2AY, UK: IET, 2006: 1224 - 1227.

[31] Kakar A K S, Carver J. Best Practices for managing the fuzzy front - end of software development (SD): Insights from a systematic review of new product development (NPD) literature [J]. International Research Workshop IT Project Management, 2012, 15 (12): 49 - 58.

[32] Carbone T A, Sherman J D, Tippett D D. Front - end success factors and the impact on high technology industry new product development [C]//International Technology Management Conference. Piscataway, NJ, USA: IEEE, 2012: 318 - 325.

[33] Reid S E, de Brentani U. The fuzzy front end of new product development for discontinuous innovations: A theoretical model [J]. Journal of Product Innovation Management, 2004, 21 (3): 170 - 184.

[34] Markham S K. The Impact of Front - end Innovation Activities on Product Performance [J]. Journal of Product Innovation Management, 2013, 30 (S1): 77 - 92.

[35] Verworn B, Herstatt C, Nagahira A. The fuzzy front end of Japanese new product development projects: Impact on success and dirences between incremental and radical projects [J]. R&D Management, 2008, 38 (1): 1 - 19.

[36] Verworn B. A structural equation model of the impact of the "fuzzy front end" on the success of new product development [J]. Research Policy, 2009, 38 (10): 1571 - 1581.

[37] Cooper R G. Stage - gate systems: a new tool for managing new products [J]. Business Horizons, 1990 (5): 44 - 53.

[38] Herstatt C, Verworn B. The "fuzzy front end" of innovation [R]. Hamburg: Hamburg University of Technology Working Paper, 2001 (4).

[39] 尹成龙，孔凡让. 产品设计模糊前端的创新和管理研究 [J]. 科研管理，2005 (05): 19 - 23.

[40] 高金玉. 新产品开发模糊前端（模糊前端）影响因素研究 [D]. 杭州：浙江大学，2004.

[41] Menguc B, Auh S, Yannopoulos P. Customer and supplier involvement in design: The moderating role of incremental and radical innovation capability [J]. Journal of Product Innovation Management, 2014, 31 (2): 313 - 328.

[42] 曹勇，孙合林，蒋振宇，等. 模糊前端不确定性、知识共享与新产品开发绩效 [J]. 科研管理，2016, 37 (05): 24 - 32.

[43] Azadegan A. Benefitting from supplier operational innovativeness: the influence of supplier evaluations and absorptive capacity [J]. Journal of Supply Chain Management, 2011, 47 (2): 49 - 64.

[44] Kleinschmidt E J, Koen P, Reilly R R. Front end of innovation: What is different between low and high - risk projects for success [C]//Proceedings of the 12th International Product Development Management Conference. Copenhagen, Denmark: EIASM. 2005: 12 - 14.

[45] 丁生娟. 新服务开发模糊前端机制研究——以城市商业银行为例 [D]. 杭州：浙江工商大学，2010.

[46] Reinertsen D. Streamlining the fuzzy front - end [J]. World Class Design to Manufacture, 1994, 1 (5): 4 - 8.

[47] Salomo S, Mensel N. Front - end idea generation for innovation: Empirical evidence from German industrial cor - porations [J]. Management of Engineering and Technology, 2001, 8 (2): 117 - 123.

[48] Artto K, Martinsuo M, Dietrich P, et al. Project strategy: Strategy types and their contents in innovation pro - jects [J]. International Journal of Managing Projects in Business, 2008, 1 (1): 49 - 70.

[49] Poskela J, Martinsuo M. Management control and strategic renewal in the front end of innovation [J]. Journal of Product Innovation Management, 2009, 26 (6): 671 - 684.

[50] Martinsuo M, Poskela J. Use of evaluation criteria and innovation performance in the front end of innovation [J]. Journal of Product Innovation Management, 2011, 28 (6): 896 - 914.

[51] 卢兆麟，王波，石清吟．面向汽车造型设计模糊前端的思维机制研究 [J]．汽车工程，2017，39 (05)：517 - 523.

[52] 伍琴．基于设计 DNA 案例分析法的创意产品造型设计模糊前端研究 [D]．贵阳：贵州大学，2017.

[53] 张莉．基于模糊前端的婴儿奶瓶产品工业设计研究 [J]．枣庄学院学报，2016，33 (05)：79 - 83.

[54] Russell R K, Tippett D D. Critical success factors for the fuzzy front end of innovation in the medical device industry [J]. Engineering Management Journal, 2008, 20 (3): 36 - 43.

[55] 张莉．产品模糊前端设计研究——以蚌埠金洋机床厂产品为例 [J]．赤峰学院学报 (自然科学版)，2015，31 (14)：196 - 197.

[56] 权婧雅．基于 QFD 和 Kano 的新产品开发模糊前端分析模型研究 [D]．杭州：浙江大学，2010.

[57] 平恩顺，檀润华，孙建广，等．面向成熟期产品突破性创新设计模糊前端阶段过程研究 [J]．工程设计学报，2014，21 (02)：101 - 108.

[58] 刘力萌，张换高，檀润华．多方法集成的模糊前端创新设想产生研究

[J]. 机械工程学报，2017，53（15）：49－57.
[59] 赵伯兴. 产品创新模糊前端用户的信息需求与服务研究［J］. 情报探索，2007（11）：7－9.
[60] Alam I. Removing the fuzziness from the fuzzy front end of service innovations through customer interactions［J］. Industrial Marketing Management, 2006，35（4）：468－480.
[61] 赵威. 客户与企业互动对定制化 KIBS 服务开发模糊前端绩效的影响研究［D］. 杭州：浙江工商大学，2011.
[62] 姜跃昆. W 公司软件产品创新的模糊前端管理改进研究［D］. 成都：电子科技大学，2020.
[63] Langerak F，Jan Hultink E，Robben H S J. The role of predevelopment activities in the relationship between market orientation and performance［J］. R&D Management，2004，34（3）：295－309.
[64] Boeddrich H J. Ideas in the workplace—A new approach towards organizing the fuzzy front end of the innova－tion process［J］. Creativity and Innovation Management，2004 13（4），274－285.
[65] 刘力萌，檀润华，刘伟，等. 基于情景的模糊前端创新机会识别［J/OL］. 计算机集成制造系统：1－20［2022－01－07］.
[66] 檀润华，杨伯军，张建辉. 基于 TRIZ 的产品创新模糊前端设想产生模式研究［J］. 中国机械工程，2008（16）：1990－1995.
[67] Achiche S，Appio F P，Mcaloone T C，et al. Fuzzy Decision Support for Tools Selection in the Core Front End Activities of New Product Development［J］. Research in Engineering Design，2013，24（1）：1－18.

第 5 章
CHAPTER

基于自然语言处理的汽车造型研究

5.1 自然语言处理概述

5.1.1 概念内容与发展历程

自然语言处理即实现人机间自然语言通信，研究的是实现人与计算机之间对话的理论和方法，探索的是计算机语言和自然（人类）语言的相互作用，是人工智能领域和语言学领域的交叉科学。自然语言处理包括自然语言理解和自然语言生成两部分，意味着计算机既能理解自然语言文本的意义，也能以自然语言文本表达特定的内容。其中最早的研究内容是语言翻译，翻译机就是这类研究工作的成果。

研究内容主要包括语言研究方向、数据处理方向、人工智能和认知科学方向、语言工程方向及其他与语言学相关的研究。语言学方向的研究主要包括名词短语识别、分词与词性标注研究等；数据处理是将自然语言处理作为开发语言研究相关程序以及语言数据处理的研究，包括文档分类、信息过滤以及信息抽取；人工智能和认知科学方向的研究内容包括隐喻计算、实体关系建模等；语言工程是面向实践、工程化的语言软件和算法开发的研究，包括语音识别和语音合成等。

自然语言处理流程大致可分为 5 个阶段，如图 5-1 所示。第二阶段的预处理，主要内容是对自然语言材料进行尽可能的简化处理；第三阶段的文本向量化，主要把前期处理好的材料语言转换成计算机可理解的语言；第四阶段建立的模型一般是多项内容对应多项内容，可根据应用需求不同选择拟合数据较好的模型；第五阶段常用的评测指标有准确率（Precision）、召回率（Recall）、*F* 值（*F* - Measure）等。

自然语言处理的发展可分为四个阶段，如图 5-2 所示。1948 年，Shannon 把离散马尔可夫过程的概率模型应用于描述语言的自动机，并把热力学

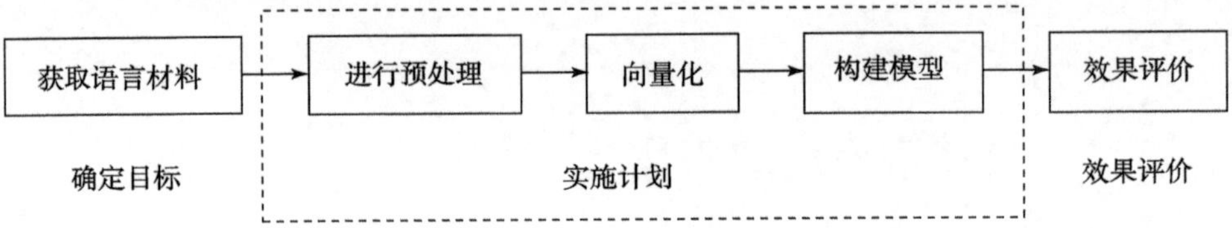

图 5－1　自然语言处理流程

中“熵”（entropy）的概念引用于语言处理的概率算法中，引起了基于概率的自然语言处理技术的产生。1967 年，美国心理学家 Neisser 提出认知心理学的概念，把自然语言处理与人类的认知联系了起来。自然语言处理就是在融合不同领域的知识中探索发展的。

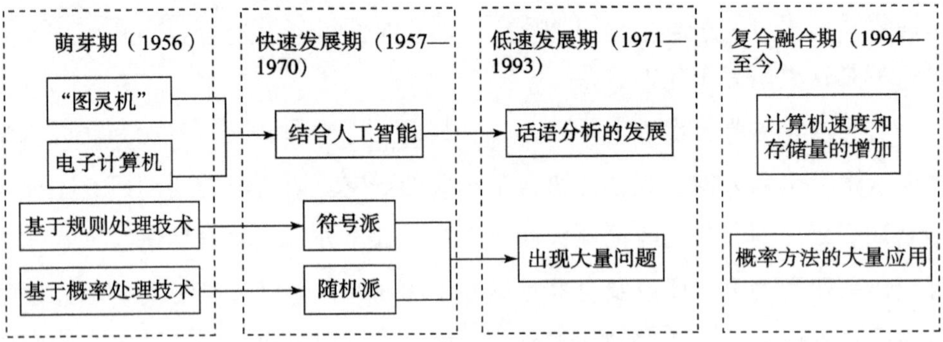

图 5－2　自然语言处理发展历程

5.1.2　应用领域

自然语言处理作为一个多学科交叉的研究领域，在多领域均开展了相关研究，主要分布在机器翻译、信息检索和计算。在英语翻译领域，郭蕾设计了一种基于自然语言处理的英语翻译计算机智能评分系统，在减少人工评分工作量的同时，提高了评分效率。在临床医学领域，自然语言处理可以检测出患者的危急病症或者潜在病变，与医师进行交流。在建筑工程领域，Kim 和 Chi 建立了一个利用自然语言处理技术（NLP）的建筑事故风险知识管理系统，为用户提供合适的案例进行风险评估和管理。在人工智能领域，李新德等根据汉语中描述路径语言中的习惯特点，在室内环境下，利用自然语言处理机制实现了机器人导航。在电力领域，张晓慧等利用情绪识别技术，提高了电力提系统中智能客服系统的效率。

在设计领域，自然语言处理在设计分析和设计评价阶段均发挥着重要的作用。通过自然语言处理，产品的造型曲线、风格特点等信息可以结合数学模型进行编码处理，获取用户情感信息，并用于构建面对不同任务场景的机制。卢兆麟等提出了一种基于自然语言处理的汽车造型风格推导与评价方法，并以实例具体论述了该方法的步骤，证实了方法的有效性与实用性，通过结合改进层次分析法，构建了“人－机－环境”系统下的汽车驾驶叙事型本体模型，为乘用车驾驶舒适性提供了一种可行的技术支持。张国方等利用自然语言处理转化用户需求，评价工程技术特征的重要度，进而研究出以评论数据驱动的产品规划方法。

5.1.3　发展趋势与挑战

自然语言处理作为当代计算机和人工智能的核心课题，在研究和应用领域将持续保有重要地位。自然语言处理相关的软件，如专家数据库、计算机辅助系统等也将得到不断的研究和开发。从长远来看，未来自然语言处理的关键在于大大减少人为干预。

1. 从人工构建知识到自动构建

人们可以计算机存储的算法，挖掘语言成分之间的关系，以句法分析为例，当两端的数据量十分充分时，可以直接进行信息提取，不需要人为定义的层次。构造知识的方式也会产生变化。例如，用自动的方法，自动地去发现词汇与词汇之间的关系。

自动构建自然语言处理相关算法需要大量数据库的建立，而如今数据库的建立都需要人力的工作，并且很多数据库之间并不互通。想要实现自动构建知识，未来的一大挑战是建立大量数据库以及实现数据库的自动化衔接和整合。

2. 通用化到场景化

以人机对话为例，现在更多的做法和场景结合，降低难度，然后做任务执行，即做特定场景时的人机对话。现在的语音助手理解的内容有限，可以听到用户讲话的内容，但却不一定能理解，尤其是同样文本在不同场景下传达的意思，无法保证服务效率。

实现自然语言处理的通用化需要对不同真实场景的语音和文本信息进行处理和信息整合，而不是局限于特定场景和流程处理特定信息，这对自然语言处理的灵活度以及上下文内容的整合分析提出了更高的要求。

3. 文本的情感化和自由化

现阶段的自然语言处理都要对文本进行预处理，原本包含的情绪词等都会被删减。这里的文本包括输入端文本和输出端文本，后者的实现难度较大。以文本生成为例，如何将数据库的规范化文本生成像新闻报道、文言文等形式。理想自然语言处理是实现双向文本的情感化和自由化；文本的情感化信息处理要求计算机具有情感化的处理分析能力，达到更加精确化的处理和更加接近人类这一能力的习得需要大量真实文本的信息处理基础以及更加优化的算法支持。

5.2 设计概念生成方法

5.2.1 基于认知方式的设计概念生成方法

5.2.1.1 解释性思维

在以用户为中心的设计过程中，设计灵感来源于用户需求和痛点的挖掘。解释性思维是构建用户需求本身和设计师洞察中间的桥梁，也是驱动用户需求挖掘的核心思维方式。用户调研是运用解释性思维生成设计概念的首要步骤，设计师通常采用问卷调查、用户访谈、实地调查、焦点小组、观察法或口语分析法进行调研。

用户访谈是一种基于口语交流形式的定性研究方法，分为结构化、半结构化、非结构化（开放式）访谈以及集体访谈。结构化访谈指的是根据既定的提纲和标准进行统一的访谈，开放式访谈是没有标准化程序的自由交谈过程。半结构化访谈则介于结构式访谈和非结构式访谈之间，具有特定访谈范围及访谈指引，但是需要访谈者根据对话内容灵活进行交谈。集体访谈是一种一对多的访谈形式。

用户深度访谈通常采用半结构访谈的形式，由掌握高级访谈技巧的调查员对调查对象进行深入访问。深度访谈需要深入事实内部，挖掘用户的动机、情感和态度。因此，在调查对象筛选过程中，应筛选出核心的用户群体。在访谈提纲的设计过程中，应保证问题具有足够的开放性；在访谈过程中，应保持中立态度并根据对话内容及时进行追问和问题调整；在访谈过后，应进行总结分析并调整访谈提纲。王建明等通过深度访谈，探究社会公众在日常消费过程中实行低碳模式的深层次因素，构建出对低碳消费模式的作用机制。

集体访谈通常采用焦点小组的形式，由讨论主持人和多个参与者组成讨论小组，其开展需主持人引导参与者围绕讨论主题进行，根据预设问题进行相对无结构的讨论。焦点小组的讨论质量很大程度上与主持者的控场能力和洞察能力有关。同时，参与者应具备共同的经验和足够的差异性，在能够顺畅交流的同时，互相激发出更多观点。

实地调查是一种基于观察和体验的用户调查方式，需要调查者融入用户的具体使用场景之中。通过近距离观察用户行为，可以避免用户认知偏差和欺骗性回答导致的信息错漏，直接从客户行为本身提取信息。实地调查也包括体验式调查，通过在实际场景中体验产品，帮助调查者转换视角挖掘需求。胡飞等通过实地调查收集信息并构建出基于用户研究的“双漏斗”模型，并阐述了其正向、逆向、切分三种具体应用方法。

5.2.1.2 类比思维

类比思维最开始是一种数学思维，根据两个具有相同或相似特征事物的对比，从某一事物的已知特征去推测另一事物的未知特征。从认知的角度分析，类比创造源于概念空间的转换，将知识从一种情境转换到另一种情境，通过大脑无穷的想象来建立两个或两类事物属性之间的相似性联系。类比思维虽然具有不严谨的特点，但具有探索性，可以充分发挥人的想象力，进而引发创造性思考，为设计研究提供了独特的方法。类比主要包括外貌特征、结构特征、运动特征、功能特征等。例如，类比鸟类的飞行发明了飞机，类比蜻蜓翅膀的减振结构设计了飞机的减振装置，并不断完善结构。类比设计（Analogy - Based Design，ABD）是将两个或者两个以上的以往成功实例作为源设计，通过对比及推理产生新设想。

类比思维与设计结合最常见的设计方法是设计仿生学。仿生设计在生成设计概念过程中，有选择地结合仿生学的研究成果，包括生物形态仿生、生物肌理仿生、生物结构仿生、生物色彩仿生、生物功能仿生、生物意象仿生。生物形态方面，结合自然物外部的形态，寻求对产品形态的突破与创新，强调对生物形态的美感特征；生物肌理方面，不仅仅是一种触觉或视觉的感知，更代表情感功能的需求，具有深层次的生命表现力，以强烈的视觉表现力，提供情感体验；生物结构方面，通过对自然物结构特征的理解，结合不同产品概念与设计目的进行设计创新，使人工制造产品具有自然生命的意义与美感特征；生物色彩方面，对设计来说更是自然美感的主要内容，其丰富纷繁的色彩关系与个性特征对产品的色彩设计具有重要意义；生物功能方面，功能仿生设计主要研究自然生物的客观功能原理与特征，从中得到启示以促进产品功能改进或新产品功能的开发；生物意象方面，生物的意象是在人类认识自然的经验与情感积累的过程中产生的，仿生物意象的设计对产品语义和文化特征的体现具有重要作用。

Jangir Maddadi 的蜂群吊灯造型模仿密封的形态和群体姿态，属于生物形态仿生；深泽直人的果汁盒包装设计系列充分利用猕猴桃典型的肌理进行设计，属于生物肌理仿生；ShyLight模仿花朵的结构设计的吊灯，用金属架和丝绸呈现出层叠柔软的“花瓣”结构，属于生物结构仿生；爱荷华州太阳能雕塑的顶部功能仿照花朵随着环境温度变化而变化，属于生物功能仿生，如图5-3所示。

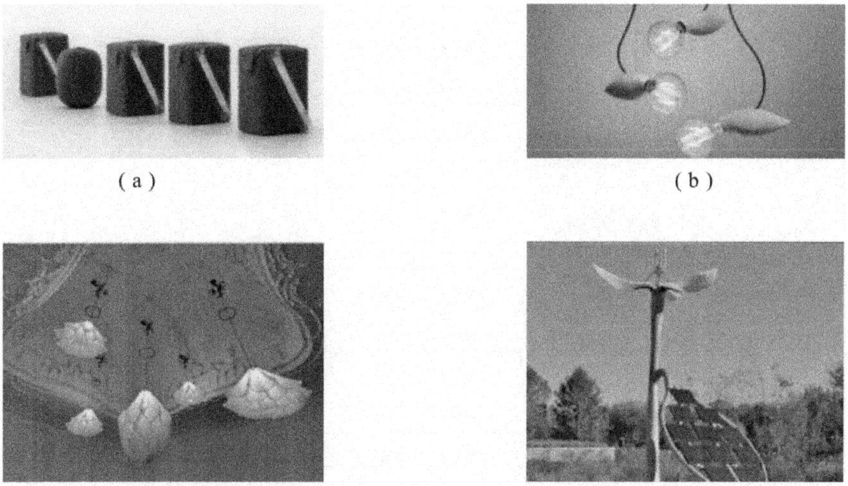

(a)　(b)　(c)　(d)

图5-3　仿生设计产品案例

(a) 深泽直人的果汁盒包装设计系列；(b) Jangir Maddadi的蜂群吊灯；
(c) ShyLight以花朵形态设计的吊灯；(d) 爱荷华州太阳能雕塑

5.2.1.3　可视化推理

设计的思维过程更多体现为一种可视化思维，并不过多地依赖于语言、计算、文字的思维和沟通模式。基于可视化思维的设计概念生成过程主要依赖于非语言的模式，将问题可视化、将思考过程可视化、将方案可视化。设计者使用模型，采取以图形为主的编码方式，在辅助思考的同时，也能更好地将创意传达给他人。设计思维可视化方面，前期调研过程中通过各种可视化工具如腾讯云的数据处理分析等，能够把获取的数据或是分析结果中涉及产生的数字信息变为直观的图形图像信息，使得研究者能够快速理解和分析。思考过程可视化方面，在不同设计领域的约束下和不同设计准则的带领下，不同学者总结出不同的可视化思考过程。英国设计委员会创立了双钻模型，美国艾迪欧创新设计公司（IDEO）推出以人为中心的设计流程，斯坦福大学提出了设计思考流程。

方案可视化方面，在前期草图部分，主要用包括铅笔、马克笔在内的文具进行绘制。在电子智能产品日益发展的背景下，设计者也会选用像 Procreate 等绘图软件进行快速表现，利用计算机辅助完成将草图变为工作图，并进行图形的编辑和有关的图形数据加工工作。常用的计算机辅助设计软件包括 Alias、Rhino、Solidworks、Keyshot、PS 等。

5.2.1.4 组合化思维

概念产生的一个重要的方法是组合，创新就是已有知识的重新组合。设计是把独立的要素组合在一起的过程，是把别人都认为无法匹配的因素组合起来并得出某种新观点的能力。它是一种综合过程，是发现看似无关的领域之间联系的过程。大多数发明和创新，都是通过将已有的想法以全新的方式组合在一起得来的。设计中概念或技术的组合最后总是归结到知识的组合，因此创新设计主要来源是已有知识的创造性组合。设计活动本身就具有极强的综合性，需要组合思维的高度参与。从完善的产品概念出发，需要考虑核心利益、有形产品、期望产品、延伸产品层、潜在产品 5 个层次；从需求层面出发，需要考虑用户需求、市场痛点和设计机会点。设计作为一门跨学科的专业，创造性的知识组合同样常见于融合其他学科的设计方法和实践中。如图 5－4 所示，设计的跨学科组合化思维有两条主要路径，设计学理论与人机工程学、心理学、认知神经学、社会学、计算机科学等学科理论融合，产生多种跨学科的设计方法。设计实践中，设计方法和工具与不同学科专业知识和工具的融合，使设计方案更加具有专业性，为专业领域设计概念的生成提供了知识来源和技术基础。

1980 年以来，产品设计主要融合的学科有人因工程和机电工程等，人机交互设计主要融合的学科有计算机技术、心理学、社会学、神经认知学等，用户界面设计主要涉及的学科有计算机技术、艺术设计和心理学。设计

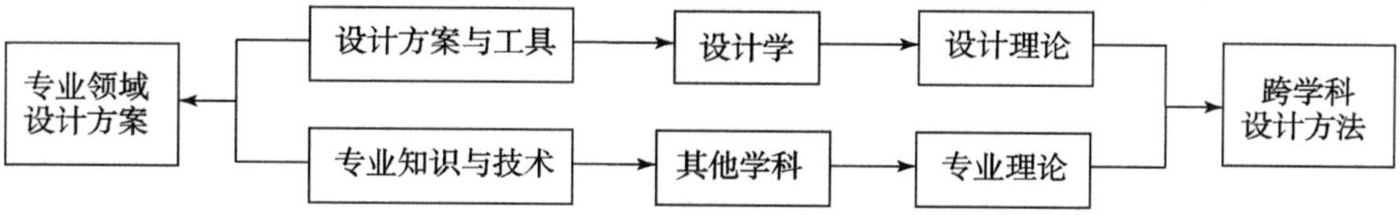

图5-4　设计的跨学科组合化思维路径

学与人机工程学组合产生了人因设计方法；设计与心理学组合产生了情感化设计方法（又称感性工学）；设计学与计算机科学组合产生了计算机技术介入的设计和计算机辅助设计方法。

跨学科的设计实践方面，设计方案中介入智能算法形成智能化的解决方案，廖建尚等结合物联网设计了一种基于物联网框架的智能温室大棚监控系统，进行多模块设计，智能分析和控制农作物的生长；史小华等将工业机器人与医学机器人进行结合，设计出多关节、坐/卧下肢康复机器人，面向不同身高和胖瘦的患者，介入前沿工程技术产生融合高精技术的解决方案；俞志伟等根据航空航天知识，设计出具有微小黏性褶皱和柔性悬臂结构的仿壁虎脚趾，成功实现了仿壁虎机器人的90°爬壁。

5.2.2　基于数据分析的设计生成方法

1. 用户调查方法

问卷调查是最基本最常用的用户调查方式，通过问卷可以快速获取用户使用反馈数据。常用的方法包括问卷法和访谈法等方法，通过直接与用户交流的方式，获取对应信息。在分析数据方面经常采用量表的方法，其中常用的是 Likert 量表和语义差异量表。Likert 量表测量的是被试者对每个题项陈述的认同程度，主要用于得到用户态度的相关数据。语义差异量表测量的是被试者对特定单词或概念的属性，由一系列相对形容词词对组成。张芳兰等采用 Likert 量表统计被试者对汽车造型的喜爱程度评价，从而实现汽车形态评价指标体系的科学构建；卢兆麟等利用 Likert 量表判断被试者对特定汽车造型特征的客观性评价，提出了一种基于眼动跟踪特征的汽车造型评价方法。

2. 智能测算方法

通过嵌入服务、可穿戴和远程情感传感器实时收集来自用户的情感数据，对情绪、手势、身体姿态、自然语言等复杂人类行为的研究能够发现许多消费者所面临的问题，如发现产品或者服务的用户体验程度。目前，三大科技公司——谷歌公司、Facebook 公司、苹果公司，正在以不同的方式利用人工智能，对用户的思维状况进行了解和分析。孙正文等设计了一套基于嵌入式技术的农田信息服务系统，解决了目前农田信息采集定点和移动采集不能同时进行的问题；朱琳等利用眼动跟踪，设计出一套眼动控制的交互式地图原型系统，解决了现有地图设计中注视点冗余、反馈延迟的问题。

在数字化时代下，全球和我国数据量呈现喷涌式的增长，用户研究已从传统的基于抽样调查的方式发展为基于大数据的计算方法。大数据的介入，使用户信息的来源更加丰富准确，避免了抽样调查导致的样本局限性。但是，海量数据的存储、筛选、计算与分析以及数据隐私问题也成为全新的挑战。钱力等通过“数据 + 场景”，利用自然语言处理与人工智能技术，研发出知识图谱、精准服务与智能情报三位一体的服务平台。

除了利用数据计算对用户行为进行分析和预测，以生成设计为代表的直接利用人工智能进行设计创作的设计方法，也成为目前新的研究方向。通过训练模型使之具有进行方案生成和筛选的能力，打破了传统设计创作的边界。徐江等以典型汽车产品风格为例，通过几何形状文法建立了一种基于遗传算法的生成设计机制，开发出一种面向汽车产品的风格生成设计系统；邹伟华等通过重构中式家具的 DNA，根据现代人的物质与精神需求，研究出以生成设计为方法的设计机制，并且产生的结果具有不可重复、不可预知的特点。

5.2.3 设计评价方法

设计评价是设计推导的重要环节，是核查设计合理性、提升设计质量的重要手段。设计概念生成后，应建立评价指标体系，通过方案原型测试进行方案评估以采集用户数据进行处理和分析。

5.2.3.1　评价指标体系建立

产品创新设计方案的优选具有高度的综合性，对其进行评估是一种多属性的决策过程，受到评价指标多样性、指标权重主观性、评价信息模糊性等多种不确定因素影响。因此，评价决策方法与设计方案的适配度及其本身的科学性在很大程度上决定了设计评估的价值。设计评价中评价指标及权重的建立采用的是综合评价的理论与方法，这些常用的综合评价方法可以分为定性评价方法、定量评价方法及多方法融合的综合评价方法等。

1. 定性评价方法

定性研究是评价者根据对评价对象的观察和分析，通过哲学思辨和逻辑分析，运用语言或文字来描述事件、现象和问题，并对评价对象的特征进行信息分析和处理。常用的定性评价方法有专家会议法、直接评分法和德尔菲方法等。定性评价方法有赖于专家的专业素质，可以综合多数专家的经验和专业判断，对于难以通过客观测算进行定量分析的因素进行概率估算。由于定性评价方法不具有可量化的评价系统，难以对设计方案进行高精度的评估，常常配合其他定量研究方法进行综合评价。周红宇等以瓦楞纸印刷机造型设计为例，采用德尔菲专家法得出评价因素并与模糊矩阵法结合，对设计方案进行评价。

2. 定量评价方法

定量评价是通过对评价者数据、口语或文字等信息进行综合处理分析获取评价的方法。设计评价本身的主观性较强，进行定量评价时需要处理大量非结构化、语言型、具有模糊性和随机性的信息。为了处理大量具有确定性和不确定性的信息，产生了多目标评价方法，包括多目标群决策方法、层次分析法（AHP）、层次网络分析法（ANP）、灰度分析方法、TOPSIS 排序法、折中排序法（VIKOR）、贝叶斯网络等。多目标评价方法可以利用较少的定量信息对决策过程进行数学化分析，从而为多目标、多准则或无结构特性的复杂决策问题提供决策方法。

客观评价方法需要进行复杂的决策计算，因此有必要在客观评价过程中结合评价者的主观意愿。由于评价者主观意愿是自然语言表达，没有一种结构化解析模式，所以研究者引入模糊集的方法用于自然语言的解构和颗粒化，从而能够从中提取意义单元和量化指标，典型的模糊集客观量化方法包括模糊 AHP、模糊 ANP、模糊 TOPSIS、模糊折中排序方法（VIKOR）等。

康辉等基于层次分析法对汽车设计的要素构建出方案评价模型、建立比较矩阵、计算要素权值并通过一致性检验最后综合得出最佳的汽车设计方案；张芳兰等基于模糊 TOPSIS 方法，提出一种结合三角模糊数、语言变量与逼近理想解排序法的模糊逼近理想解排序法评价方法，产生各方案的整体形态得分，最终获得分数最高的优选方案。

3. 多方法融合的综合评价方法

多方法融合的综合评价方法指的是将不同评价方法用于一个综合评价问题中，主要包括组合赋权方法、组合评价方法（特指对多个不同评价方法获取的评价值的组合）、多个信息集成方法的融合方法以及基于赋权方法和信息集成方法的融合方法等。林晓华等提出一种基于改进 DEMATEL - VIKOR 混合模型的产品概念方案评价方法，如图 5 - 5 所示。该方法基于直觉模糊理论的多属性决策模型，结合决策实验与评价实验方法和多属性决策（Multiple Criterion Decision Making，MCDM）算法，以螺杆式注塑机的方案评价为例得到两个折中方案。

5.2.3.2 原型测试与数据处理

设计方案的评估通常采用原型测试的方法采集被试数据，进而进行数据分析。常见的原型测试方法包括问卷调查法、生理测量法、绩效评测法。

1. 问卷调查法

问卷调查是最基本最常用的用户调查方式，通过问卷可以快速获取用户

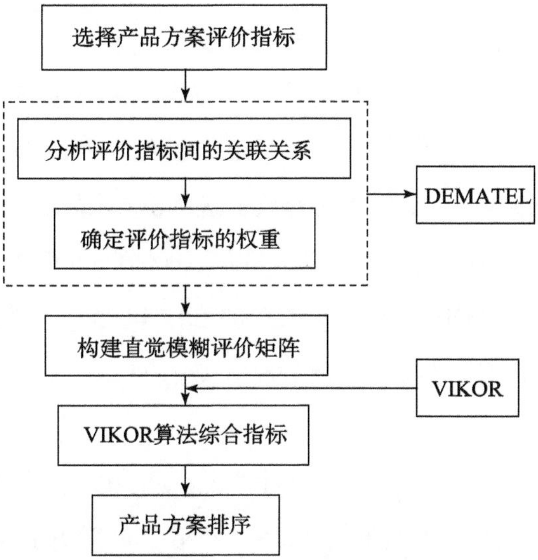

图5-5　DEMATEL-VIKOR混合方案评价流程

使用反馈数据。问卷调查的优势在于操作简单、成本较低。经过严格设计的问卷，可以成为收集用户数据的重要手段。问卷调查分为问卷设计与验证、问卷发放和收集以及数据分析处理三个步骤。在设计评价阶段，整个测试包括事前访谈、任务测试、事后访谈三个流程。事前访谈主要包括志愿者相关信息的采集和对整个测试的事前说明，让他们了解任务及其目的；事前访谈结束后，让志愿者独立完成任务测试，任务结束后，填写问卷；最后进行事后访谈，主要内容为难以用问卷测量的小细节。Sugoro等采用语义差异量表描述用户对于汽车造型方案的看法，用于构建汽车外形设计参数评价体系，提出一种汽车造型优化方法，并总结出汽车造型的感性词组。

2. 生理测量法

生理测量法是在用户进行原型测试的过程中采集被试者生理数据进行分析评估的研究方法。通过生理测量可以采集用户在原型测试过程中的客观生理数据，继而通过数据处理分析得出用户注意力分配、情绪状态、疲劳程度等。生理测量法的优势在于不受被试者主观判断的影响，可以挖掘出其无意识参与的信息，但需要的实验条件高、人员专业度强。以座椅为例，汽车驾驶座椅与普通座椅的设计标准有所不同，王正华等在对人体脊骨生理结构分析的基础上，从主观和客观两方面论证了腰托对汽车座椅舒适性的影响。电生理测量，包括眼动跟踪、脑电测量等。眼动跟踪是测量眼睛运行的过程，眼动跟踪通过仪器设备进行图像处理，定位瞳孔位置，获取坐标，并通过一定的算法，计算眼睛注视或者凝视的点，进而分析眼动数据。例如，通过人们注视位置以及注视时间，研究人员可以获得对涉及多种行为的多种认知操作的解释，用数据推测用户或者被试者的想法和行动。常方圆利用眼动仪，对智能手机 APP 的用户界面设计进行了评估。

3. 绩效评测法

设计中的绩效评测目的是评估设计产品的可用性，而可用性是用来衡量某个产品被特定的用户在特定的场景中，有效、高效并且满意地达到特定目标的程度，主要包括有效性、效率、可记忆性、容错性、易学性 5 个属性。有效性，主要表明软件是可用的，能帮助用户准确地实现他们的目标。效率，是用户完成的速度。可记忆性，即能给用户留下很深的印象。容错性，体现在产品防止错误的程度和帮助用户解决错误的能力上。易学性，应对不同层次的软件用户，能让初学者快速转变为专家。

绩效评测法是测试设计方案合理性的常用方法，通过绩效评估可以直观反映产品的各项性能和使用效果。通过测量被试者操作过程中完成指定任务的时长、各项效果和其他绩效数据，可以检测到产品可用性的不同属性。

5.3 创新设计相关理论

5.3.1 TRIZ

发明问题解决理论（TRIZ）是一种创新设计理论体系，以解决技术问题和实现创新开发的各种工具和算法组成，主要用于解决技术领域中的创新问题，如新产品概念设计。

TRIZ 不仅能找到解决问题的路径，而且为解决问题找到了通行的方法，为新产品设计提供了可实现的工具和路径。Darrell Mann 提出的 TRIZ 层次说把 TRIZ 分为三个层次，即哲学层、方法论层和工具层，如图 5－6 所示。ARIZ 是为复杂问题提供简单化解决方法的逻辑结构化过程，是 TRIZ 的核心分析工具。TRIZ 提供的众多工具间存在着大量的重叠交叉现象，还没能集成一个完善精简的整体系统，因而在实践中还是会有工具选择的困扰。常用的 TRIZ 问题解决工具包括冲突矩阵。

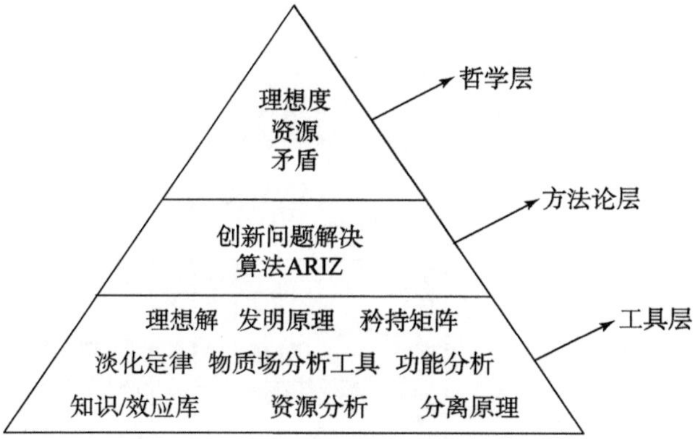

图 5－6　TRIZ 层次图

Elies Jones 通过在生态创新案例研究中采用 TRIZ 的两个问题解决工具，将结构化方法应用于生态创新设计中。崔憧遥等通过将 TRIZ 发明原理与儿童家具洞察结合，总结出了以儿童安全为中心的发明原理、增加趣味性的发明原理以及节省成本的发明原理，用于幼儿园的家具设计实践中；胡安新等利用 TRIZ 得到解决悬挂式空轨列车快速逃生问题的方案；Enxian Jing 等通过建立基于 TRIZ 的继承模型设计，为老年浴室的功能和结构性进行针对性的设计。

5.3.2　质量功能配置

质量功能展开（Quality Function Deployment，QFD）是面向市场的产品

设计与开发的一种计划过程，是质量工程的核心技术。QFD 的基本思想是产品开发过程中所有活动都由顾客的需求、偏好和期望所驱动；通过“做什么”和“如何做”把顾客的需求、偏好和期望设计到产品和过程中，从而使产品达到顾客的要求。QFD 以结构化的方式向产品设计人员提供了需要解决的问题，产品的开发过程通过矩阵式的表达变得清晰而明确，是系统工程思想在产品设计与开发全过程的具体应用。QFD 采用一定的规范化方法将客户所需特性转化为一系列工程特性，所用的基本工具是“质量屋”。质量屋主要由六部分组成，包括目标陈述，由顾客决定的产品、工序或服务的系列特征，顾客竞争性评价，实现客户要求的方式，技术评价与困难分析，关系矩阵，如图 5 – 7 所示。

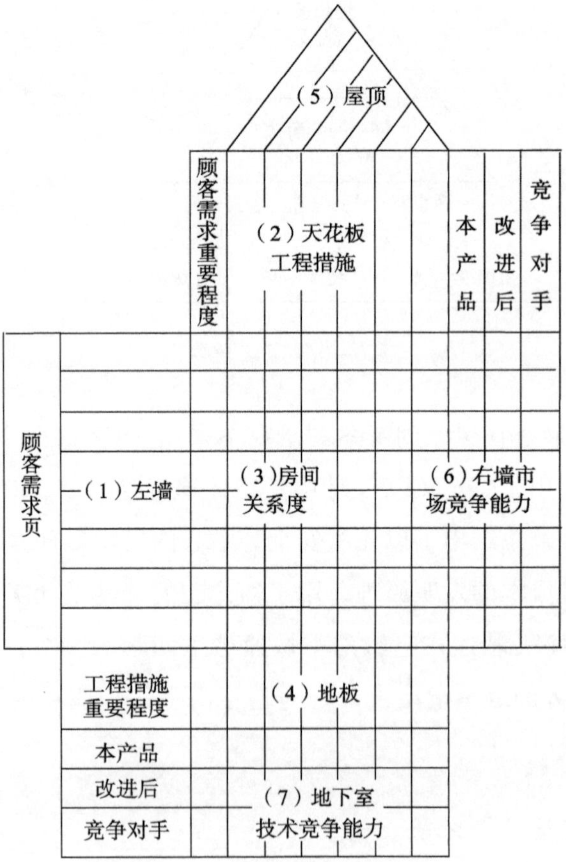

图 5 – 7　经典 QFM 质量屋

李强等将QFD应用于智能音箱测评中，从客户需求角度建立了基于QFD的智能音箱测评体系。王爱民等通过动态QFD方法的应用，提出面向需求驱动的产品族设计方法，实现了模块化的产品族结构。胡东方等以定制数控机床设计为例，客户个性化需求经质量屋转换为工程特性，从而计准确、高效、智能地设计出客户综合满意度最大化的数控机床。

5.3.3　功能分析法

功能分析法（Functional Analysis，FA）由瑞士天文学家F. 茨维克提出，又称为“功能矩阵法”或“棋盘格法”，如图5-8所示。功能分析法的基本原理是按照系统论的思维方式（认为产品是由一系列实现特定功能的零部件构成的技术-物理系统），首先把产品必须具备的问题解决能力（总功能）分解为相互独立的构成要素（子功能/功能元）；然后针对每个独立的要素提出不同的解决方案；最后用图解法将这些解决方案进行排列组合，进而从众多的组合方案中寻求最优解，即为实现产品功能的最佳设计方案。

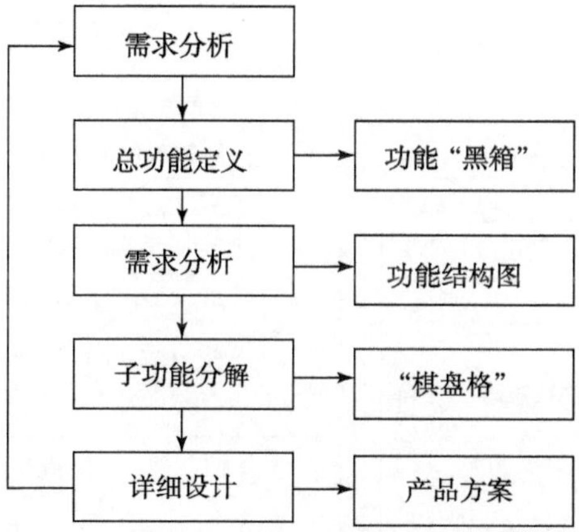

图5-8　基于功能分析的产品设计程序与方法

李洋等采用功能分析法进行了小型消防车创新设计实践，对其总功能进行定义与分解，针对各项子功能的实现方法比较分析，确定新产品概念并对该程序与方法的有效性进行验证；吕瑟等提出一种功能分析系统技术与

TRIZ 集成的方法，应用于自动牙签包装机设计；张继忠以方便针弯针自动检测机运动方案的创新设计为例，介绍了一种在对预期功能进行分析和分解的基础上，对机械运动方案进行创新设计的方法。

5.3.4 设计理论集成方法

单一设计理论因其分析与解决问题角度和侧重差异具有各自的优势与局限性，对其进行集成和综合运用可以构建更加完善的设计理论及创新方法论。孙园园等为了定性、定量地分析顾客需求信息，实现顾客需求信息与个性化产品特征属性之间的精确映射，提出了一种集成卡诺模型和质量功能配置模型的产品属性指标重要度求解方法；易欣等提出基于 QFD/TRIZ/有限元法（FEM）集成应用的设计方法，构建解题模型，如图 5-9 所示，将质量屋中负相关特性转化为 TRIZ 中的矛盾，并使用矛盾矩阵表获得对应的发明措施，运用知识库及发明措施，结合 FEM 进一步完成设计方案的剖析和优化迭代，最终输出木质儿童摇椅的优质提案。

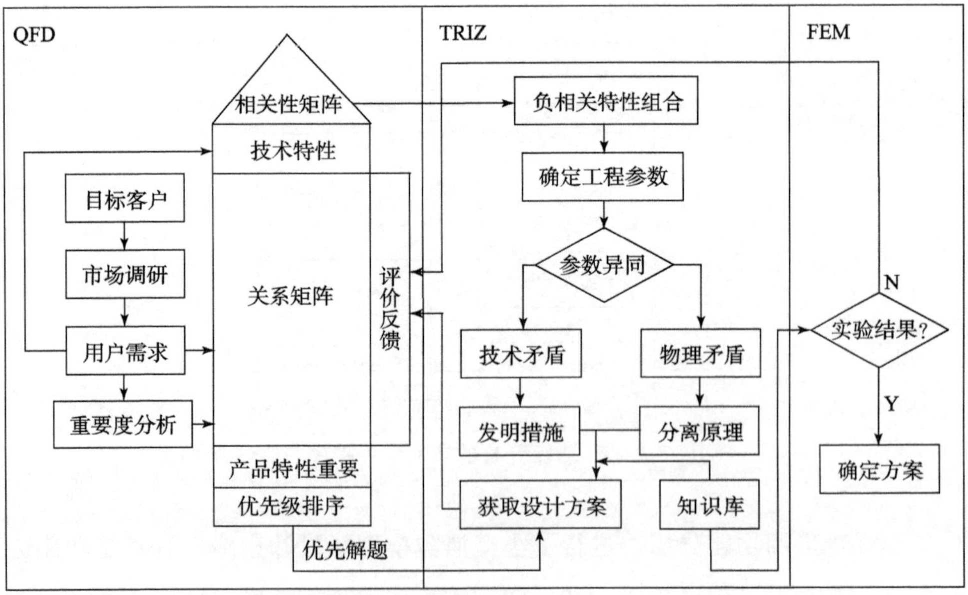

图 5-9 QFD/TRIZ/FEM 继承应用的解题模型

5.4　基于自然语言处理的汽车造型设计

目前研究较为缺乏对驱动产品造型设计源头的探讨，即缺少对用户感性需求的有效获取和应用，未能对设计师思维规律性进行研究，从而总结出行之有效的造型设计方法。针对以上不足，本节以汽车为例，提出一种基于自然语言处理的造型风格推导方法，将感性需求转化为造型特征，并结合层次分析法进行多目标决策分析，对造型方案进行排序，从而获得最优解。

5.4.1　面向产品造型设计过程的任务

有研究指出，设计有三个根本问题值得研究：①设计规则；②设计方法论；③设计思考过程。

在产品造型设计的初始阶段，根据用户的需求提出设计目标。该目标可能是模糊的，需要对其进行表征，即语义分析过程，其中包括语义理解和语义获取两个阶段。对此设计者应明确设计任务，理解关键的设计问题，形成未来车型的主题意象与局部意象。进一步，使用特定规则确定要寻找的设计数据，利用设计方法产生、评估和选定设计结果，最终得到产品造型的风格特征。综上所述，提出产品造型设计过程的领域任务模型，如图 5 - 10 所示。

5.4.2　产品造型风格设计

5.4.2.1　产品造型风格设计模型

按照香农提出的信息传播一般模型，将产品造型风格的认知过程定义为：设计师为信源，产品为信道，用户的感官是接收器，最终信宿是用户。

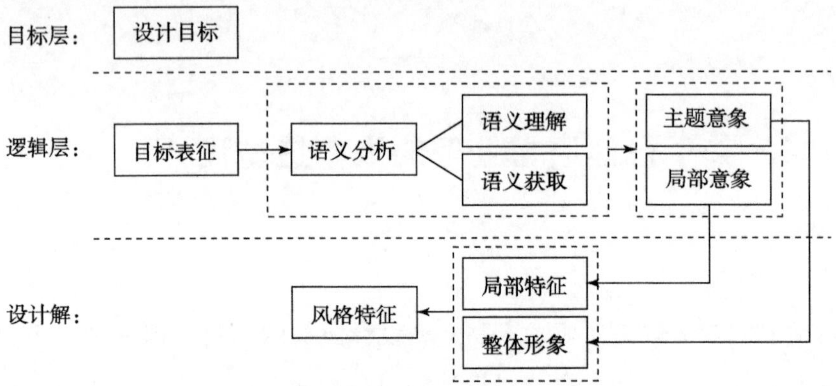

图 5-10 产品造型设计过程的领域任务模型

根据上述模型，做出如下定义。

定义 5.1 风格特征分为“显性”与“隐性”。几乎所有物理层面的产品风格特征都包括形态、色彩、材质、肌理以及它们的构成法则等，可以看作是显性的；而大部分精神层面的产品风格特征，如意象感知、情感体验、品牌内涵等则是隐性的，它们存在于人的脑海中，相对难以规范化和表达，即

$$S_p^f = \{I, E\} \tag{5-1}$$

式中，S_p^f 为产品风格特征；I 为隐性风格特征集合；E 为显性风格特征集合。

下面对 I 和 E 分别进行分解，则

$$I \to \{I_1, I_2, I_3, \cdots, I_n\}, \quad I_i \in I;\ 1 \leqslant i \leqslant n \tag{5-2}$$

$$E \to \{E_1, E_2, E_3, \cdots, E_m\}, \quad E_j \in E;\ 1 \leqslant i \leqslant m \tag{5-3}$$

定义 5.2 设计师推导产品造型风格的过程与用户对产品造型风格的认知过程，是两个互逆的过程，即

$$<\text{Auto Styling Derivation}> = <\text{Codeing}> \tag{5-4}$$

$$<\text{Auto Styling Cognition}> = <\text{Decodeing}> \tag{5-5}$$

用户对产品造型风格的认知过程，从显性风格特征开始，经映射关系达到隐性风格特征；然后以获得感性意象结束。作为逆过程，产品造型风格的推导以感性需求作为出发点，进而确定隐性风格特征，再由此得出显性风格特征。产品造型风格特征推导模型如图 5-11 所示。

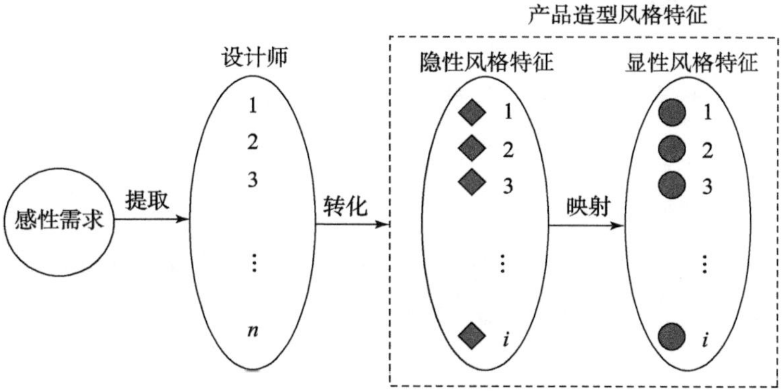

图5－11　产品造型风格特征推导模型

定义5.3　设产品造型风格特征的规划为 S_p，对 S_p进行形式化描述，则

$$S_p = (S_p^c, S_p^v, S_p^f, M) \tag{5-6}$$

式中，S_p^c代表用户的需求；S_p^v代表设计任务；M代表为三者之间的关系。这是一个四元组，即 $D_p^c \to D_p^v \to D_p^f$。

5.4.2.2　基于自然语言处理的产品造型隐性风格表征

产品造型隐性风格的表征以语言为载体，通过提取主题词（Subject Heading Terms，SHT）对隐性风格进行描述。主题词的提取应遵循两个原则：①以“最小的代价获取最大信息”的认知经济性原则；②在相同的语言环境内主题词相对稳定且不容易受情境的影响。根据以上两条原则，本节把形容词和名词作为语义表征的主要方式，步骤如下。

步骤1　口语报告实验

该实验属于一种并行的、内省的、无结构的口语分析方法，由于被试者表述的是当前存在于工作记忆中的信息，因此排除了由于人的记忆差错而产生的无效数据。首先从目标群体中选择被试对象，结合原型向其介绍产品的功能、用途、定位、技术特点等；然后要求被试对象根据自身理解表述对于该车型有何要求或者期待；最后将实验结果转为文字。

步骤2　设计主题词的提取及权重计算

以“词频－逆向文件频率”（Term Frequency－Inverse Document Frequency，TF－IDF）方法为基础，对用户访谈结果进行设计主题词提取并计算权重。其核心思想是：如果某一词或短语在一篇文档中的出现频率高，同时在其他文档中出现较少，并且信息熵值也较高，则认为该词或短语具有较高的区分度。根据 Jones 的研究，具体算法如下：

（1）设 n_{ij}为词语或短语 t_{ij}在某一篇用户口语报告文档中出现的次数，设该词语或短语的词频为 TF_{ij}，则

$$\mathrm{TF}_{ij} = \frac{n_{ij}}{\sum_k n_{kj}} \tag{5-7}$$

式中：$\sum_k n_{kj}$ 代表文档中所有词语或短语次数之和。

（2）设 N_{ij}为出现过上述词语或短语的用户口语文档数目，N 为总文本数目，该词语或短语的反向文件频率为 IDF_{ij}，则

$$\mathrm{IDF}_{ij} = \lg\left(\frac{N}{N_{ij}} + L\right) \tag{5-8}$$

式中，L 为经验值，通常取 0.01。

（3）设 H 为该词语或短语的信息熵值，最终得到词语或短语 t_{ij}的权重为 w_{ij}，则

$$w_{ij} = \frac{\mathrm{TF}_{ij} \cdot H \cdot \mathrm{IDF}_{ij}}{\sqrt{\sum_{ij=1}^{n} (\mathrm{TF}_{ij} \cdot H \cdot \mathrm{IDF}_{ij})^2}} \tag{5-9}$$

当 $w_{ij} \geqslant \delta_{\min}$时，该词语或短语将作为主题词被提取，$\delta_{\min}$为设定的最小值。

步骤 3 设计主题词的相似度计算与聚类

在提取若干设计主题词之后，对其做进一步处理，将相似的主题词聚类，提炼成为关键词，便于后续设计展开。根据 Karapanos 的研究，主题词之间的相似度计算方法如下。

对于某两个汉语词汇 W_1、W_2，假设 W_1有 n 个义项：S_{11}、S_{12}、S_{13}、…、S_{1n}；W_2有 m 个义项：S_{21}、S_{22}、S_{23}、…、S_{2m}。定义 W_1、W_2的相似度为各个

概念相似度的最大值，即

$$\mathrm{sim}(W_1, W_2) = \max_{i=1,\ldots,n, j=1,\ldots,m} \mathrm{sim}(S_{1i}, S_{2j}) \qquad (5-10)$$

式中，$0 \leqslant \mathrm{sim}(W_1, W_2) \leqslant 1$；当 $\mathrm{sim}(W_1, W_2)=1$ 时，表示两个词的词义完全相同，当 $\mathrm{sim}(W_1, W_2)=0$ 时，表示两个词的词义完全不同。

5.4.2.3　基于特征匹配的显性风格生成及评价

在对产品造型的隐性风格进行表征之后，以此为基础生成显性风格，现给出如下定义。

定义 5.4　汽车隐性风格特征与显性风格特征之间存在匹配关系。设隐性风格特征为 n 项，并有 m 项显性风格特征与之匹配，则得到隐性风格特征与显性风格特征匹配度矩阵为

$$\boldsymbol{A} = \begin{bmatrix} I_1E_1 & I_2E_1 & I_3E_1 & \ldots & I_nE_1 \\ I_1E_2 & I_2E_2 & I_3E_2 & \ldots & I_nE_2 \\ \vdots & \vdots & \vdots & & \vdots \\ I_1E_m & I_2E_m & I_3E_m & \ldots & I_nE_m \end{bmatrix} \qquad (5-11)$$

式中，I_iE_j 表示第 i 项隐性风格特征与第 j 项显性风格特征元素的匹配程度。

同理，有

$$\mathrm{WE}_k = \sum_{i=1}^{n} I_iE_k \qquad (5-12)$$

式中，WE_k 表示第 k 项显性风格特征的重要程度，等于其与各隐性风格特征元素匹配程度之和。

综上所述，本章提出基于自然语言处理的产品造型风格推导方法，如图 5-12 所示。

5.4.3　实例研究

与国内某厂商合作，以汽车造型设计为例，对本方法进行验证，提出设计任务为“面向 80 后都市年轻群体的小型纯电动轿车造型设计”。

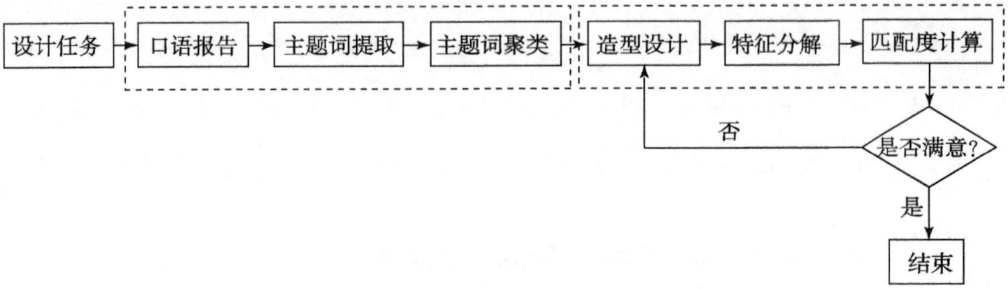

图 5-12　基于自然语言处理的汽车造型风格推导方法

5.4.3.1　口语报告实验

1. 被试者

共选择被试者 8 名，均为汽车专业研究生及本科生；男性 5 名，女性 3 名；平均年龄 20.6 岁。实验设备包括数码录像机/录音机、纸、笔等，由主持人向被试者介绍实验目的和过程后，全过程录音和录像，地点在清华大学汽车安全与节能国家重点实验室。

2. 实验任务

要求被试者根据设计任务，进行思考后说出该款汽车在造型上应具备怎样的特征，尽量使用名词或形容词描述。主持人确保现场安静，除了必要的提醒外，不对被试者的思维做任何干扰，整个过程为 30 min 左右。口语报告实验场景如图 5-13 所示。

图 5-13　口语报告实验场景

限于篇幅，这里仅列举其中一位被试者的部分口试结果，如表 5-1 所示。

表 5-1　某被试者的部分实验结果

时间	记录数据
00：06—00：36	这样的一个群体，成长过程经历了经济快速发展的背景，他们接触到了非常多的新鲜事物，所以普遍来说，（他们）对于新鲜事物、先进科技有更多的好奇，愿意去尝试，而不是抗拒
00：38—00：49	我希望在这个（汽车）造型中，更多地体现一些新潮、前卫，或者说带有跨界性的元素
00：55—01：15	所以在这个车的设计中，可能会引入更多接近工业设计，或者说接近电子产品设计的特征。比如说扁平化的视觉特征……不是那么雕塑感，相对偏几何化的一种形态
03：01—03：14	我觉得空间还是（应当）相对功能性（更强）一些，这就意味着前悬和后悬稍微短一些，轮子要向……（车身）四个角去排布
03：32—04：02	纯电动的特征，从外观造型上体现有一些是……如材质，还有一些可以加入如蓝色光带……跟车身配色也是相关的。而且这种（配色）对内饰的影响会更大。这个电动跟智能虽然不是直接等同，但是它们有很大的正相关性，所以我希望在内饰中能体现更多的智能化的特征

5.4.3.2　隐性风格表征

这里采用中国科学院计算技术研究所开发的 ICTCLAS 2016 软件，对 8 位被试者的口语报告分别进行处理，提取主题词并计算权重，主题词提取结果如表 5-2 所示。

表 5-2 主题词提取结果

被试者编号	主题词及权重 w	
	名词	形容词
1	蓝色 3.22，年轻群体 1.66，纯电动 1.66	活泼 1.14，可爱 1.10
2	年轻群体 3.05，纯电动 2.91，潮流 1.74	几何化 7.79，扁平化 7.79
3	年轻群体 3.39，纯电动 2.91，动力 1.39	科技感 5.83，运动感 1.39
4	动势 5.82，年轻群体 3.75，通过性 3.33	运动感 6.94，前卫 1.39
5	轻量化 5.27，年轻群体 3.33，运动 2.20	张扬 2.43，简洁 2.30
6	年轻群体 2.08，纯电动 2.08	动感 2.20，凌厉 2.75
7	电动车 4.58，年轻人 1.95，个性 3.05	运动感 2.20，友好 2.08
8	冲击力 2.20，纯电动 2.28	力量感 4.17，刺激感 3.33，愉悦感 3.33

采用中国科学院计算技术研究所开发的 Word Similarity 软件，对表 5-2 中的主题词相似度两两计算，合并同类项后进行筛选得到关键词。需要指出的是，表 5-2 中主题词是其在各自口语报告中对应的权重数值，同时每篇口语报告的重要性被认为是等同的，因此同类主题词的总体权重为各篇幅中权重数值之和。为了控制主题词数量、简化计算，这里综合判断各权重均值及中位数，设定权重阈值为 5.00，低于该值将被剔除。

主题词聚类结果如表 5-3 所示。

表 5-3 主题词聚类结果

名词	形容词
年轻群体 19.21	运动感 12.73，几何化 7.79，扁平化 7.79
纯电动 16.42	科技感 5.83，友好感 5.41

对表 5-3 中的结果作归一化处理。设处理后的某主题词最终权重为 δ_k，则

$$\delta_k = \frac{w_k}{\sum_{k=1}^{n} w}, \quad 1 \leqslant n \leqslant 7 \tag{5-13}$$

主题词权重归一化结果如表 5 – 4 所示。

表 5–4　主题词权重归一化结果

主题词	归一化后的权重 δ_k
年轻群体	0.26
纯电动	0.22
运动感	0.17
几何化	0.10
扁平化	0.10
科技感	0.08
友好感	0.07

根据上述结果，将目标车型的隐性风格进行总结和描述，如表 5 – 5 所示。

表 5–5　目标车型隐性风格描述

整体形象	符合年轻群体（80 后）特征，凸显其“纯电动汽车”的身份
造型特征	具有运动感、科技感、友好感的意象，以及几何化与扁平化的形式感

5.4.3.3　显性风格生成与评价

1. 造型方案的提出

设计团队为清华大学汽车工程系车身造型方向的师生，要求根据表 5 – 5 中对于目标车型隐性风格的描述，分别完成汽车造型设计的方案。

限于篇幅，本节仅列出其中部分方案草图，如图 5 – 14 所示。

(a) (b) (c)

图 5－14 部分草图

2. 汽车显性风格的特征分解

产品的属性通常是相互关联的，用户一般通过多个造型特征的语义关联并经过综合认知加工后产生整体的意象。因此，在对汽车造型特征进行分解时，应在保持属性相对独立性的前提下加以界定。依据此原则，最终确定的汽车显性风格特征包括四个部分：前脸，侧面，尾部，轮毂。

特征线作为点和面的过渡，最适合于设计表达，被普遍用于汽车设计。因此，这里将方案草图处理成为特征线形式以便于评价，共得出四种整车方案，如表 5－6 所示。

表 5－6 造型方案特征分解

方案	前脸	侧面	尾部	轮毂
1				
2	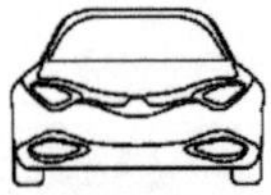		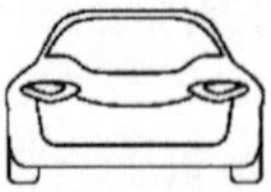	
3				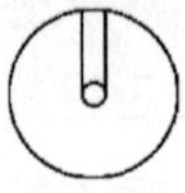

续表

方案	前脸	侧面	尾部	轮毂
4	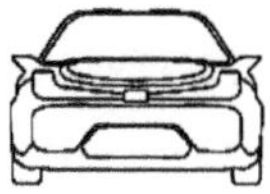	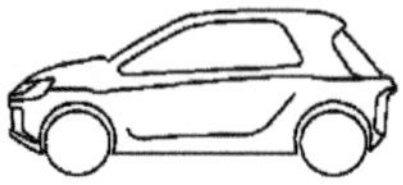	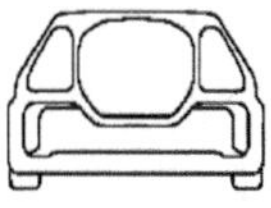	

3. 显性风格匹配度计算

评价采用 5 点 Likert 量表，即 1 ~ 5 分（完全不符合 ~ 完全符合），共邀集专家及普通用户 23 人，其中普通用户 19 人、专家 4 人，对 4 种方案的各项显性风格特征与各主题词匹配程度分别做出评价，并将得分均值乘以主题词归一化权重后累加，最终得到各项显性风格特征的总值，结果如表 5 - 7 ~ 表 5 - 10 所示。

表 5 - 7　前脸评价结果

方案		年轻群体	纯电动	运动感	几何化	扁平化	科技感	友好感	总值
1		2. 57	2. 78	3. 00	3. 39	3. 00	2. 65	2. 65	2. 83
2		3. 48	3. 57	3. 48	3. 17	2. 83	3. 57	3. 39	3. 40
3		2. 48	2. 96	2. 57	2. 87	2. 39	2. 52	2. 74	2. 65
4	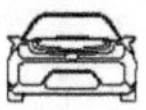	3. 57	3. 26	2. 70	3. 48	3. 17	3. 43	3. 04	3. 26

表 5 - 8　侧面评价结果

方案		年轻群体	纯电动	运动感	几何化	扁平化	科技感	友好感	总值
1		3. 39	3. 04	3. 43	3. 39	2. 74	2. 96	3. 30	3. 21

续表

方案		年轻群体	纯电动	运动感	几何化	扁平化	科技感	友好感	总值
2	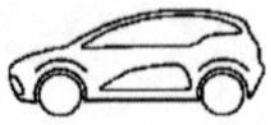	3.00	3.48	3.00	2.61	2.39	2.70	3.57	3.02
3		3.48	3.04	3.48	3.09	3.13	3.22	3.74	3.31
4		3.04	2.74	2.78	3.04	2.43	3.22	2.65	2.86

表 5-9 尾部评价结果

方案		年轻群体	纯电动	运动感	几何化	扁平化	科技感	友好感	总值
1		2.35	2.78	2.09	3.13	2.78	2.22	2.74	2.54
2		3.00	3.35	3.13	2.87	2.87	2.70	3.26	3.07
3		2.96	2.78	2.48	2.96	2.78	2.61	3.04	2.80
4		2.96	2.70	2.70	3.30	2.96	3.13	2.87	2.90

表 5-10 轮毂评价结果

方案		年轻群体	纯电动	运动感	几何化	扁平化	科技感	友好感	总值
1		3.61	3.09	3.43	3.57	3.09	3.35	3.17	3.36
2		3.35	3.39	3.22	3.09	2.57	3.35	3.70	3.26

续表

方案		年轻群体	纯电动	运动感	几何化	扁平化	科技感	友好感	总值
3		3.00	3.13	3.09	3.43	3.00	3.26	2.52	3.07
4		2.83	3.17	2.96	3.17	2.57	2.70	3.00	2.94

综合上述分析，可以得到如图 5-15 所示的结果。

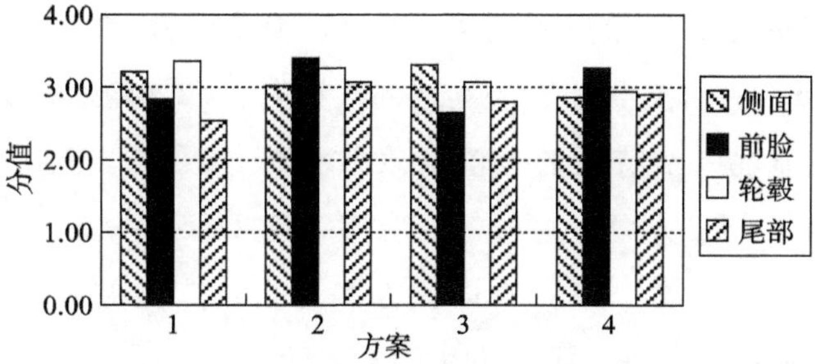

图 5-15　各方案显性风格特征匹配度结果

4. 显性风格的特征权重计算及总体评价

进一步，使用改进的 AHP 法对各造型特征重要性进行计算。AHP 法由美国匹兹堡大学教授 Satty 提出，主要应用网络系统理论和多目标综合评价，对定性问题进行定量分析，是一种多属性层次权重决策分析方法。近年来，有学者针对传统 AHP 法九标度的不足，提出了 0~2 三标度法，从而有效提高一致性，且评价结果也比较接近复杂判断的结果。

设汽车显性风格特征 F_i 与 F_j，h_{ij} 为两个特征重要性比值，采用三标度法，如表 5-11 所示。

表 5-11　三标度法的特征重要性比较

F_i 与 F_j 比较	更加重要	同等重要	不重要
h_{ij}	2	1	0

经过专家评判，两两比较后得到矩阵 $\boldsymbol{M}$，即

$$\boldsymbol{M} = \begin{array}{c} \\ F_1 \\ F_2 \\ F_3 \\ F_4 \end{array}\begin{array}{c} \begin{array}{cccc} F_1 & F_2 & F_3 & F_4 \end{array} \\ \begin{bmatrix} 1 & 2 & 2 & 2 \\ 0 & 1 & 2 & 2 \\ 0 & 0 & 1 & 2 \\ 0 & 0 & 0 & 1 \end{bmatrix} \end{array} \tag{5-14}$$

对矩阵 $\boldsymbol{M}$ 进行归一化处理，计算过程如 Kurosu 的研究，这里不再赘述。设造型特征权重写成向量形式得到（0.56，0.26，0.12，0.06）^{T}，即：前脸权重为 0.56、侧面权重为 0.26、尾部权重为 0.12、轮毂权重为 0.06。

将各方案显性风格特征的分值乘以各权重并累加，得到方案的最终分值：方案 1 为 2.93、方案 2 为 3.25、方案 3 为 2.86、方案 4 为 3.09，表明方案 2 为最优结果（图 5-16）。以该方案为基础，发展成为概念车型后获得了市场的普遍好评，证实了本方法的有效性。

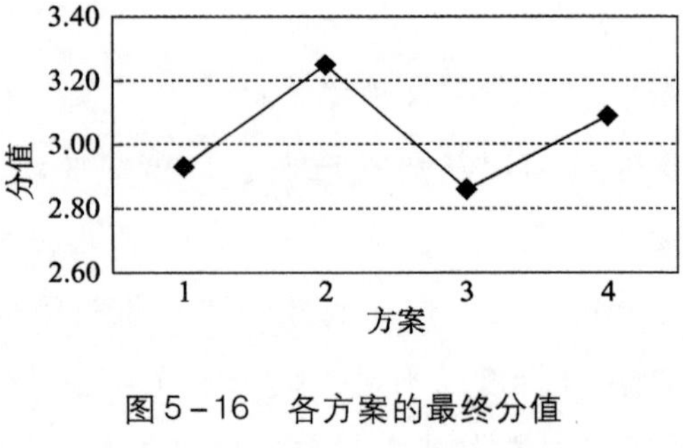

图 5-16 各方案的最终分值

5.4.4 总结与展望

本章首先对汽车造型设计过程的领域任务进行了描述，并建立了汽车造型风格推导模型；然后以此为基础，提出了一种基于自然语言处理的汽车造型风格推导方法，对隐性风格特征进行表征，并计算与显性风格特征的匹配度；最后以实例具体论述了该方法的步骤，证实了该方法的有效性与实用

性，具有较高的准确度，从而为实现汽车造型的推导提供了一种可行的技术途径。

参考文献

[1] 李生．自然语言处理的研究与发展 [J]．燕山大学学报，2013，37 (05)：377－384.

[2] 周雅倩，郭以昆，黄萱菁，等．基于最大熵方法的中英文基本名词短语识别 [J]．计算机研究与发展，2003 (03)：440－446.

[3] 谌志群，张国煊．文本挖掘研究进展 [J]．模式识别与人工智能，2005，18 (01)：65－74.

[4] Roh Jihyeon，Park Sungjin，Kim Bo－Kyeong，et al. Unsupervised multi－sense language models for natural language processing tasks [J]. Neural Networks，2021，142：

[5] 秦文，苑春法．基于决策树的汉语未登录词识别 [J]．中文信息学报，2004 (01)：14－19.

[6] 冯志伟．自然语言处理的历史与现状 [J]．中国外语，2008 (01)：14－22.

[7] 刘迁，焦慧，贾惠波．信息抽取技术的发展现状及构建方法的研究 [J]．计算机应用研究，2007 (07)：6－9.

[8] Palivela Hemant. Optimization of paraphrase generation and identification using language models in natural language processing [J]. International Journal of Information Management Data Insights，2021，1 (2).

[9] Zeroual I，Lakhouaja A. Data Science in Light of Natural Language Processing：An overview [J]. Procedia Computer Science，2018，127：82－91.

[10] 赵京胜，宋梦雪，高祥．自然语言处理发展及应用综述［J］. 信息技术与信息化，2019（07）：142－145.

[11] 郭蕾．基于自然语言处理的英语翻译计算机智能评分系统设计［J］. 现代电子技术，2019，42（04）：158－160，165.

[12] Chapman W W，Fizman M，Chapman B E，et al. A comparison of classification algorithms to automatically identify chest X－ray reports that support pneumonia［J］. J Biomed Inform，2021，34（1）：4－14.

[13] Kim T，Chi S. Accident case retrieval and analyses：using natural luanguage processing in the construction industry［J］. Journal of Construction Engineering and Management，2019，145（3）：04019004.

[14] 李新德，张秀龙，戴先中．一种基于受限自然语言处理的移动机器人视觉导航方法［J］. 机器人，2011，33（06）：742－749，757.

[15] 张晓慧，孙德艳，马永波，等．情绪识别技术在电力智能客服系统中的应用研究［J］. 电子器件，2020，43（05）：1061－1065.

[16] 卢兆麟，程若丹，石清吟，等．基于自然语言处理的汽车造型风格推导与评价［J］. 汽车工程，2016，38（05）：553－560.

[17] 卢兆麟，李升波，Schroeder Felix，等．结合自然语言处理与改进层次分析法的乘用车驾驶舒适性评价［J］. 清华大学学报（自然科学版），2016，56（02）：137－143.

[18] 张国方，寇姣姣，陈令华．网络评论文本驱动的汽车设计规划方法［J］. 机械设计，2021，38（02）：139－144.

[19] 殷杰，董佳蓉．论自然语言处理的发展趋势［J］. 自然辩证法研究，2008（03）：31－37.

[20] 侯志霞，曹军．自然语言处理的发展概况及前景展望［J］. 山东外语教学，2003（05）：53－55.

[21] 王建明，王俊豪．公众低碳消费模式的影响因素模型与政府管制政策—基于扎根理论的一个探索性研究［J］. 管理世界，2011（04）：58－68.

[22] 胡飞，董娴之．面向工业设计的用户研究“双漏斗”模型及其应用路径 [J]．南京艺术学院学报（美术与设计版），2011（02）：133-136.

[23] 许秀林．略论类比思维方式 [J]．南通职大教学研究，1995（02）：15-17.

[24] 李彦，刘红围，李梦蝶，等．设计思维研究综述 [J]．机械工程学报，2017，53（15）：1-20.

[25] Gentner D. Structure-mapping：A theoretical framework for analogy [J]. Cognitive Science，1983，7（2）：155-170.

[26] Qan L，Dero J. Function-behavior-structure paths and their role in analogy-based design [J]. Artificial Intelligence for Engineering Design Analysis and Manufacturing，1996，10（5）：289-312.

[27] 刘青春，何霞．产品仿生设计探究 [J]．包装工程，2006（02）：194-196.

[28] 牛泽耕．浅析产品设计中的创造性思维 [J]．吉林工程技术师范学院学报，2005（11）：59-61.

[29] Takeda H，Hamada S，Tomiyama T，et al. A cognitive approach to the analysis of design processes [J]. Journal of Physiology，1990，27（1）：521-534.

[30] 周煜啸，罗仕鉴，朱上上．手持移动设备中以用户为中心的服务设计 [J]．计算机集成制造系统，2012，18（02）：243-253.

[31] 廖建尚．基于物联网的温室大棚环境监控系统设计方法 [J]．农业工程学报，2016，32（11）：233-243.

[32] 史小华，王洪波，孙利，等．外骨骼型下肢康复机器人结构设计与动力学分析 [J]．机械工程学报，2014，50（03）：41-48.

[33] 俞志伟，李宏凯，张晓峰，等．仿壁虎脚趾结构设计及粘附运动性能测试 [J]．机械工程学报，2011，47（21）：7-13.

[34] 张芳兰，杨明朗，刘卫东．基于模糊 TOPSIS 方法的汽车形态设计方案

评价 [J]. 计算机集成制造系统，2014，20 (02)：276 - 283.
[35] 卢兆麟，李升波，徐少兵，等. 基于眼动跟踪特征的汽车造型评价方法 [J]. 清华大学学报 (自然科学版)，2015，55 (07)：775 - 781.
[36] 孙玉文，沈明霞，张祥甫，等. 基于嵌入式 ZigBee 技术的农田信息服务系统设计 [J]. 农业机械学报，2010，41 (05)：148 - 151.
[37] 朱琳，王圣凯，袁伟舜，等. 眼动控制的交互式地图设计 [J]. 武汉大学学报 (信息科学版)，2020，45 (05)：736 - 743.
[38] 钱力，谢靖，常志军，等. 基于科技大数据的智能知识服务体系研究设计 [J]. 数据分析与知识发现，2019，3 (01)：4 - 14.
[39] 徐江，王海贤，孙守迁. 基于风格进化模型的产品生成设计方法 [J]. 东南大学学报 (自然科学版)，2012，42 (04)：654 - 658.
[40] 邹伟华. 新中式家具生成设计法的探索 [J]. 装饰，2011 (05)：112 - 113.
[41] 张梦中，马克·霍. 定性研究方法总论 [J]. 中国行政管理，2001 (11)：39 - 42.
[42] 周红宇，戚得众，韩晓东. 瓦楞纸印刷机造型设计评价研究 [J]. 机械设计，2017，34 (07)：119 - 123.
[43] 康辉，赵凯勋. 基于层次分析法的汽车设计方案评价模型 [J]. 包装工程，2014，35 (22)：53 - 57.
[44] 彭张林，张强，杨善林. 综合评价理论与方法研究综述 [J]. 中国管理科学，2015，23 (S1)：245 - 256.
[45] 林晓华，冯毅雄，谭建荣，等. 基于改进 DEMATEL - VIKOR 混合模型的产品概念方案评价 [J]. 计算机集成制造系统，2011，17 (12)：2552 - 2561.
[46] Li Y, Shieh M D, Yang C C, et al. Application of Fuzzy - Based Hybrid Taguchi Method for Multiobjective Optimization of Product Form Design [J]. Mathematical Problems in Engineering, 2018: 1 - 18.
[47] 王正华，喻凡，庄德军. 汽车座椅舒适性的主观和客观评价研究 [J].

汽车工程，2006（09）：817－819.
[48] 常方圆. 基于眼动仪的智能手机APP图形用户界面设计可用性评估[J]. 包装工程，2015，36（08）：55－59.
[49] 丁俊武，韩玉启，郑称德. 创新问题解决理论——TRIZ研究综述[J]. 科学学与科学技术管理，2004（11）：53－60.
[50] Darrell Mann. Application of TRIZ Tools in a Non－Technical Problem Context [J]. TRIZ Journal，2000.
[51] 彭慧娟，成思源，李苏洋，等. TRIZ的理论体系研究综述[J]. 机械设计与制造，2013（10）：270－272.
[52] Elies Jones，Darrell Mann，Dr David Harrison，et al. An Eco－innovation Case Study of Domestic Dishwashing through the Application of TRIZ Tools [J]. Creativity and Innovation Management，2001，10（1）.
[53] 崔憧遥，张简一，杜强，等. TRIZ理论的40个发明原理在儿童家具设计中的应用[J]. 包装工程，2017，38（02）：175－179.
[54] 胡安新，李彦，王凯，等. 基于TRIZ的悬挂式空轨列车逃生问题的方案设计[J]. 制造业自动化，2016，38（01）：142－147.
[55] Enxian Jing，Yun Liu，Min Zhou. Design of Aging Shower Room Based on QFD/TRIZ [J]. Journal of Research in Science and Engineering，2021，3（5）.
[56] 刘鸿恩，张列平. 质量功能展开（QFD）理论与方法研究进展综述[J]. 系统工程，2000（02）：1－6.
[57] 李强，许一骅. 基于QFD的智能音箱测评体系建立[J]. 电子技术应用，2021，47（06）：51－56.
[58] 王爱民，孟明辰，黄靖远. 基于设计结构矩阵的模块化产品族设计方法研究[J]. 计算机集成制造系统－CIMS，2003（03）：214－219.
[59] 胡东方，郑亚飞，雷若楠. 基于QFD和AIS的复杂产品定制设计[J]. 计算机集成制造系统，2016，22（09）：2053－2062.
[60] 许继峰，张寒凝，崔天剑. 产品设计程序与方法[M]. 南京：东南大

学出版社，2013.

[61] 王峰，王智伟，陆有春，等. 基于功能分析法的 PVC 扣板自动包装机设计 [J]. 包装工程，2017，38 (9)：198 -203.

[62] 李洋，程志威. 基于功能分析法的小型消防车设计 [J]. 制造业自动化，2018，40 (02)：88 -91.

[63] 吕瑟，成思源，杨雪荣，等. 基于功能分析系统技术与 TRIZ 的牙签包装机设计 [J]. 包装工程，2015，36 (20)：65 -69.

[64] 张继忠. 基于功能分析的机械系统运动方案创新设计 [J]. 机械设计与制造，2004 (04)：75 -76.

[65] 孙园园，刘飞，李丽. 基于 Kano -QFD 的个性化产品属性指标重要度确定方法 [J]. 计算机集成制造系统，2014，20 (11)：2697 -2704.

[66] 易欣，梁家明，梁卓强，等. 基于 QFD/TRIZ/FEM 集成的儿童摇椅创新设计研究 [J]. 林产工业，2021，58 (09)：17 -22.

后　　记

本书是我在清华大学车辆与运载学院从事博士后研究的主要成果总结。在近四年的时间里，我的研究工作主要聚焦于设计认知机理与方法。具体而言，就是人们在进行设计活动时如何获得知识或应用知识，包括感觉、知觉、记忆、思维、想象和语言等。人们在设计时接收外界输入的信息，经过头脑的加工处理，转换成内在的心理活动，进而支配人的行为，这是一个信息加工的过程，即所谓“认知过程”。我相信，如果弄清楚了这个过程，将会对设计者们提供非常有益的引导，有助于产出更加丰富而合理的方案。

另外，汽车被称为“世界第一商品”，它的造型设计对于塑造品牌形象、影响消费者选择起着极为重要的作用。因此，本书中以汽车作为主要研究对象，通过对样本的具体分析，得到具有普遍意义的共性规律。

本书中引用的部分图片来自网站、期刊资料等，版权归原作者所有。

本书中的实验分别在慕尼黑工业大学人机研究所、清华大学汽车安全与节能国家重点实验室开展，对相关工作人员提供的帮助深表谢意。

深深感谢我的博士后合作导师成波教授，给了我许多宝贵指导，不仅是学术上的，还有人生上的。感谢清华大学李升波教授在研究思路和品位方面对我的极大帮助。

感谢北京理工大学校方提供的资助，使我有了这次出版机会。感谢北京理工大学设计与艺术学院张帆教授费心协调，感谢出版社编辑李丁一老师的辛勤劳动，使得本书能够顺利面世。

最后感谢父母、妻子对我的大力支持，你们永远是我最坚实的后盾和温暖的港湾。

卢兆麟

2022 年春节于北京理工大学中关村校区